KB134495

철학 소녀와 좀비의 탐험

JINSEI DE TAISETSUNAKOTOWA SUBETE TETSUGAKU TO KANOJO GA
OSHIETEKURETA.
© AKINARI TOMASU 2012
Originally published in Japan in 2012 by CHUKEI PUBLISHING COMPANY., TOKYO,
Korean translation rights arranged with CHUKEI PUBLISHING COMPANY., TOKYO,
through TOHAN CORPORATION, TOKYO, and SHINWON AGENCY CO., SEOUL.

# 철학 소녀와 좀비의 탐험

도마스 아키나리 지음 | 박주영 옮김

상상비행

"자신의 무지를 깨닫는 것,
즉 자신이 모르고 있다는 것을 아는 거지.
'무지(無知)의 지(知)'야.
여기서부터 철학을 시작하는 거지."

# 괴팍한 참견쟁이
# 소크라테스

**기리시마 린**
(希里島 倫)

아테네 사립 고등학교 3학년
나이 : 18세
혈액형 : A형

"인생은 잘 만들어진
3D 영화관이야.
혹시 이 세계가 진짜라고 생각했니?"

스포츠 만능, 순진한

# 플라톤

**기리시마 마리**
(希里島 真理)

아테네 사립 고등학교 2학년
나이 : 17세
혈액형 : O형

"……마음에 흔들리지 않는 부동의 중심을 갖는 것.
돈이나 명예는 안 돼요.
더 흔들리지 않는 원칙이어야 해요."

**내성적이지만 고집쟁이**

# 아리스토텔레스

**기리시마 도모**
(希里島 知)

아테네 사립 고등학교 1학년

나이 : 16세

혈액형 : AB형

# 차 례

그 일이 있은 뒤, 내 인생이 바뀌었다.

학교를 뒤흔들었던 전대미문의 사건, 상당히 심각한 일이었지만 장난 같았던 날들이 그저 막연하게 살아가던 나를 깨웠다.

그때까지는 왜 그랬는지 정확하게 설명하기 어렵지만, 내 인생은 나 혼자 사는 것이라고 생각했었다. 사람들은 모두 제각각이기 때문에 어차피 서로가 서로를 알 수 없는 것이 현실이라고 느꼈다. 아마 난 이런 현실에 불만을 품었기에 인생은 나 혼자 사는 것이라고 스스로를 세뇌했고, 내 주위 환경 또한 이런 생각을 하게 만들었던 것 같다. 그래서 깊은 생각 없이 하루하루를 즐겁게 살면 그만이라고 생각했다.

이렇게 생각을 멈춘 인간으로 살아가던 나에게 그녀들이 철학을 철저하게 주입시켜 준 덕분에(문자 그대로 철저히 주입시켰

다) 나는 세상을 새로운 각도에서 볼 수 있게 되었다.

세 자매를 만난 지 10년이 지난 지금, 나는 다시 학교를 향하고 있다. 교문에 다다르니 마치 옛날 일들이 내 눈앞에서 펼쳐지기라도 한 듯 감정이 고조되었다. 이곳 또한 친구들이 함께 있는, 하나의 공동체. 그리고 흘러가는 시간과 함께 이곳에 속한 사람들도 변해 간다.

하지만 학교에는 변하지 않는 무엇인가가 언제나 존재한다. 그것은 사람이 아니다. 건물도 아니다. 불변하고 불멸하는 무엇인가가 존재한다. 뭐, 이것을 알아주는 사람은 너무나도 적지만.

그래도 이 기묘하고도 설레는 철학을 전달하는 일은 분명 헛된 일이 아니다. 마음이 공허한 사람들이 듣고 싶어 하는 말들이 있기 때문이다. 이들이 듣고 싶어 하는 그 진실. 이것을 나는 전해야만 한다.

'사람들은 왜 살아가는 것일까?'

'영원히 변하지 않는 것은 존재하는 것일까?'

'사회를, 세계를 어떻게 해서 바꾸어 나갈 것인가?'

지금 우리 앞에 당면한 이 질문들의 답을 찾기 위한 실마리가 아주 먼 옛날의 그리스 철학에 있다니, 이 사실을 어떻게 믿을 수 있을까?

철학이라고 하면 설교나 말장난, 자기주장만 펴는 한가한 사람들의 말이라고 생각할 수도 있다. 철학은 절대 이런 것이 아니다. 철학이야말로 인간이 자기 자신을 되찾기 위한 유일한 이정표다.

이것을 알리기 위해 나는 오늘 여기에 서 있다.

# 억견을 깨라!

소크라테스,
사물의 본질 그리고 영혼 불멸

## 소크라테스와의 만남

나는 오늘 난생 처음으로 여자한테 차였다.

입학할 때부터 나를 설레게 했던 후와 에리에게, 오늘은 기필코 2년 동안 감춰 온 내 마음을 고백하겠다고 큰 결심을 했다. 하지만 때는 이미 늦었다. 앞에 있는 에리를 불러 인사를 하고 주저주저하며 이야기를 시작하려는데, 에리는 활짝 웃으며 "얼마 전에 유토하고 사귀기 시작했어."라고 말했다.

아레스 유토. 유토는 나와 마음이 잘 맞는 친한 친구다. 이 둘은 일주일 전부터 사귀었고, 오늘도 둘이 사이좋게 집에 가려고 에리가 유토를 기다린 모양이었다.

"어? 아……. 그랬구나. 유토, 좋은 녀석이지. ……그러고 보니 와, 둘이 참 잘 어울리네."

겨우 마음을 가라앉히고서 축하의 말을 건넸지만, 머리가 핑 핑 돌고, 덥지도 않은데 모든 땀구멍이 열렸는지 온몸 전체에서 땀이 솟아나기 시작했다. 내가 이렇게 동요하는 것을 보고 에리가 내 마음을 눈치채면 어쩌지? 혹시 자기를 좋아하냐고 묻기라도 한다면 나는 창피해서 졸도라도 할 것 같았다.

나는 빨리 자리를 피하기 위해 대충 말을 정리하고 학교를 빠져나왔다. 교문을 나설 때까지 그 자리에 있는 모든 아이들이 나를 비웃는 것 같아 내 심장이 쿵쾅쿵쾅 요동쳤다.

시간이 좀 지나니 마음이 안정되었지만 이런 심정으로 집에 돌아가고 싶지 않았다. 그렇다고 해서 딱히 갈 곳도 없었다. 그저 발이 향한 곳은 언제나 가는 편의점이었다. 난 완전히 망연자실한 상태였다. 그래도 인생은 참 신기하다. 그 일로 인해 내 운명이 바뀌었기 때문이다.

편의점 문을 열려는 순간, 나는 약간 주춤거렸다. 편의점 안에 제품 홍보 모델 같은 차림의 여자가 서 있었기 때문이었다. 요즘에 편의점에서도 홍보 모델을 써서 제품 광고를 하나 의아했지만, 어차피 갈 곳도 없으니 그냥 들어가기로 했다. 머리도 복잡한데 나한테 아무 말 걸지 못하도록 그 여자와 눈을 마주치지 않으려고 최대한 시선을 밑으로 내리깔고 문을 열었다.

안에 들어가 슬쩍 그 여자를 보니, 언젠가 세계사 책 표지 그림에서 본 것 같은 고대 그리스 여신풍의 옷을 입고 그 위에는 흰 천을 두르고 있었다. 키는 150센티미터 정도일까. 눈이 아주 크고, 청량감을 주는 파란색의 긴 생머리를 하고 있었다.

무엇을 사려고 들어간 것이 아니니 난 당연히 살 것이 없었다. 다만 계산대 근처에 있는 닭튀김을 보자 갑자기 식욕이 당겼다. 좀 전에 있었던 '고백 미수' 사건으로 에너지 소비가 꽤나 심했던 모양이었다.

달콤한 맛을 먹을까, 아니면 매운맛을 먹을까. 뭘 먹지? 그래! 매운맛은 아니야. 매운맛을 받아들이기에 지금 내 속이 좋지 않지……. 음, 그렇지만 이런 때야말로 매운맛을 먹어야 하는데…….

"빨리 정하지!"

누군가 등 뒤에서 말했다. 뒤를 돌아보니 그 홍보 모델이 팔짱을 끼고 서 있었다. 내가 계산대 앞에서 좀 시간을 끌었다고 점원이 고객을 이런 태도로 대한다니 화가 났다.

"야, 뭘 그렇게 고민하니?" 여자가 말했다.

"아, 저기. 어떤 맛으로 먹을지 생각하는 중이라……."

이 여자 정말 개념이 없다고 생각했다. 직업의식이 이렇게 없을 수도 있을까 분해서 항의하는 눈빛으로 계산대에 있는 점원을 쩨려보았다. 그러나 그 점원은 아무런 반응도 없었다. 분위기로 봐서는 이 여자와 점원은 아무런 관계가 없는 듯했다.

그러면 이 여자의 정체는 뭐지?

"살 거면 빨리 사. 우유부단한 남자는 다들 싫어하거든! 인생은 **선택**의 연속이야. 어떻게 할 건데?"

아, 이 여자가 왜 이러는 거지? 혹시 내가 아는 사람인가? 아니면 만화나 드라마를 너무 많이 봐서 자기가 주인공이라도 되는 것처럼 설치고 다니는 건가?

"그, 그러면……, 저는 매운 닭튀김으로 할게요."

"나는 달콤한 맛으로 해야지."

"두 개 같이 계산해 드릴까요?"

계산대 점원이 물었다.

그러자 이 여자는 같이 계산해 달라고 말하고선 밖으로 휙 나가버렸다. 어이없게도 내가 모두 계산해야 할 상황이 돼 버렸다. 그 여자는 제품 홍보 모델도 아니고 편의점 점원도 아니었다. 그냥 이상하게 옷 입은 손님이었던 것이다.

나는 멍청하게도 닭튀김 두 개를 계산하고 편의점을 나와서 그 여자를 급히 불러 세웠다.

"저기요, 이 가게에서 일하시는 분 아니세요?"

정체를 모를 여자에게 음식도 대신 사주고, 높임말까지 써가며 정중하게 물어봤으니 앞으로의 기 싸움에서도 난 이미 진

것이나 다름없었다. 예의 없는 행동에 화가 났지만, 작은 체구임에도 너무 거침없이 행동하는 그 여자를 보니 나도 모르게 그만 위축됐던 것이다.

"왜 내가 이 편의점에서 일한다고 생각해?"

그녀는 내 손에서 닭튀김 한 봉지를 잡아채 갔다. 그것은 정확하게도 달콤한 맛이었다.

"그럼, 그 차림은 뭐예요……?"

"아! 이 옷? 이 옷은 내 교복이지. 나의 숭고한 마음을 표현하는 옷."

이 여자, 진짜 이상한 사람 맞다. 정신병원에서 탈출한 건 아닐까? 이 생각 저 생각이 다 나고 머릿속에 별의별 추측이 가득했다. 그러면서 닭튀김 값을 받지 말고 그냥 갈지, 그래도 돈은 돌려받아야 할지 고민하는데, 내 코앞으로 불쑥 그 여자 손이 보였다.

"여기, 닭튀김 값 3천 원."

의외로 올바른 사람이라는 생각이 들었다. 아무리 다시 보아도 절대로 정상인 사람 같아 보이진 않지만, 돈을 받고 나니 이상하게도 안심이 되었다. 하지만 이것이 내 운명을 결정했다. 역시 모두 내가 우유부단했기 때문에 시작된 것이었다.

## 철학의 소질

"그런데, 너! 악에 맞설 준비는 된 거야?"

그 여자가 물었다.

"네?"

갑자기 뜬금없이 악이라니? 대체 악이란 무슨 악을 말하는 건지. 정말 알 수 없는 여자네.

"네가 다니는 학교에서 진행되는 무서운 음모 말이야."

그녀는 닭다리를 꺼내 한 입 베어 먹었다. 그리고 내 교복에 달린 배지를 보면서 황당무계한 이야기를 시작했다.

"음모라니요?"

나도 덩달아 닭을 꺼내 먹으면서 물었다.

편의점 앞에서 고대 그리스풍 옷을 입은 여자와 닭튀김을 먹으면서 악이나 음모에 대한 대화를 나누는 일은 좀처럼 경험하기 힘든 일일 것이다. 편의점에 들어가는 사람이나 나오는 사람이나 모두들 계속해서 나를 이상하게 쳐다보는 것이 그 증거라면 증거다. 다른 사람들의 시선이 너무 신경이 쓰여서 그냥 그대로 있을 수 없었다.

"아하하하. 아, 뭐. 제가 괜한 걸 질문했네요. 저는 이제 그만 가볼게요."

"잠깐 따라와 봐."

대충 얼버무리고 돌아가려는데 그 여자가 내 팔을 확 잡아 끌었다. 그녀의 강경한 태도에 무작정 돌아가겠다고 버틸 수가 없었다. 나를 끌고 몇 걸음 걸어가자 갑자기 걸음을 멈춘 그녀는 마치 영화 주인공처럼 흰 천을 휘날리며 외쳤다.

"아직 내 소개를 하지 않았군. 내 이름은 기리시마 린이야. 델포이 신탁에 의해 아폴로 신의 명령을 받아 철학자 **소크라테스**의 화신으로서 이 땅에 내려 왔지!"

그녀가 온 동네 떠나갈 듯 소리를 지른 탓에 편의점 손님은 물론 지나가던 사람들까지 모조리 나를 쳐다보았다.

아, 갑자기 뭐야. 좀 적당히 하지. 설마 몰래카메라 아니야? 어휴, 카메라는 무슨. 카메라가 숨어 있을 곳도 없네. 그렇다면 이 여자 정말 정신병자인가?

다른 사람들의 주목을 끄는 일은 하지 말고 조용히 살자는 것이 내 신조다. 나는 내 신조에 맞춰 최대한 얼굴에 웃음을 지으며 조용히 사라지려고 하는데 이런 나에게는 신경도 쓰지 않고 그 여자는 말을 이어 나갔다.

"이제부터 나와 수준 높은 **문답**하는 것을 허락하지."

"네에?"

대체 문답이라는 말은 뭐고, 아까 말했던 학교의 음모라는 말은 어디로 간 건지 알쏭달쏭했다.

"나는 너 같은 청년을 만나려고 길거리에 잠복하고 있었어."

"잠복이요?"

"그래. 너는 아직 **프시케**를 갖고 있어. 그렇기 때문에 문답 상대로 적당해."

"프, 프시케? 그게 뭐예요?"

"**영혼**이야. 이것이 있는 사람은 스스로, 즉 자기 머리로 생각할 수 있는 의식을 갖고 있는 사람이야. 즉, 철학에 소질이 있는 거야. 나는 프시케를 가진 인간을 꿰뚫어 보는 능력을 갖고 있어."

홍보 모델 같은 그 여자는 내 어깨를 탁 손으로 내리쳤다.

"문답하라. 청년이여! 나는 소크라테스의 화신인 기리시마린! **문답법**으로 네 속에 잠들어 있는 진리를 끌어내 주지. 네 마음속에 울리는 다이몬*의 속삭임에 귀를 기울이도록 해!"

헉. 정말 이 여자는 위험한 사람이네. 꼭 텔레비전 뉴스에 나오는 종교단체들이 이런 식으로 사람들에게 접근하지. 결국 순진한 사람들이 당해 버리는 거야. 내가 뉴스도 안 볼 줄 알고? 흥.

분명히 그런 종교단체에서는 상대방에게 먼저 비현실적인

---

* 다이몬: 고대 그리스에서는 '신과 인간의 사이에 존재하는 초월적인 힘(존재)' 등으로 사용했으며, 소크라테스는 다이몬을 '위대한 정령으로 신과 인간을 매개하는 존재' 혹은 '스스로에게 경고를 하는 내면의 소리'로 사용했다.

세계관을 심어놓고 난 뒤, 이 세상은 곧 멸망한다든지 하며 위기감을 부채질한다. 그리고 당신은 선택된 사람이라고 부추긴 뒤, 많은 사람들을 구원한다는 의미를 부여해서 결국에는 종교단체를 알리는 활동을 하도록 만든다. 옆에서 영웅처럼 대해 주니까 상대방이 던진 미끼에 걸려 결국 이상한 종교에 빠지는 거다. 물론 이런 종교를 권유하는 사람은 아주 예쁘다는 말도 들은 적이 있다.

여기까지 생각이 미쳤지만, 그때 내 마음에는 분명 틈이 있었다. 사람은 무엇을 위해 사는 것인지, 무엇을 향해 가야 하는 것인지 몰랐다. 내가 확실히 아는 것은 최후에는 죽을 것이라는 사실뿐이었다.

과연 삶에 의미가 있는 것일까? 그리고 에리는 왜 내가 아니라 유토와 사귀었을까? 에리는 정말 나와 사귈 운명이 아니었을까? 그렇다면 나는 왜 에리를 만나게 됐을까?

이런 답도 안 나오는 질문들로 머리가 복잡했다.


## 수준 높은 인생에 철학이 필요하다고?

"이거 봐, 청년! 왜 그렇게 멍 때리고 있어?"

"왜 그러세요. 아까부터 청년, 청년 하는데, 청년이라고 불릴

만큼 나이가 많지 않거든요!"

"무엇인가를 추구한다면 너는 청년이야. 살아가는 것에 의문을 던지고 있었지?"

그녀는 점쟁이처럼 내 마음을 읽었다. 내 마음속에서 조금씩 커지던 생각을 나도 모르게 입 밖으로 꺼냈나?

"네 인생은 지금 이대로 괜찮니? 이대로 살면 안 되겠다고 생각한 적은 없어? 뭐, 그래도 역시 이대로 괜찮다고 하면서 또다시 똑같이 반복하며 고민하겠지. 그런데 말이야. **철학**을 하면 더 풍요로운 인생을 살 수 있어."

역시 종교라고 생각했다. 게다가 철학은 이상한 논리를 펴는 거니까, 그냥 쉽게 이상한 여자라고 결론지었다.

"에이, 그런 건 도움이 안 돼요. 철학으로는 아무것도 해결할 수 없잖아요. 지금은 과학의 시대라고요."

홍보 모델 같은 여자는 30년 정도 푹 썩힌 쓰레기를 보는 것 같은 눈빛으로 나를 바라봤다.

"어휴……, 저기 말이야. 과학으로 생활이 풍요로워져도 인간은 마음이란 걸 갖고 있어. 로봇이 아니야. 인생은 선택의 연속이야. 왜 태어나고 왜 죽는지, 산다는 의미는 무엇인지, 무엇이 옳고 그른 것인지, 자기 삶의 방식을 정해 놓지 않으면 세상이 흘러가는 대로 흘러갈 뿐이야."

"뭐, 그럴 수도 있겠네요. 그래도 그렇게 골치 아프게 생각하지 말고 즐겁게 살면 되는 거잖아요."

"이 멍청아!"

갑자기 나는 충격에 휩싸였다. 무슨 일이 일어난 것인지 몰랐지만, 잠시 후 눈을 떠 보니 내가 땅바닥에 드러누워 있었다.

"너 자신을 알라!"

정신을 차려 간신히 일어나려고 하자 머리가 띵하고 온몸 여기저기가 쑤셔왔다. 그제야 조금 전 나를 강타한 것이 그녀의 발이란 것을 깨달았다.

"네 마음에 철학적 충격을 준 거야. 그 통증! 그 위에 의문이 더해지겠지."

내 통증은 분명 당신에게 맞아서 생긴 물리적 충격으로 인한 것이라고 반박하고 싶었지만, 온몸이 마비된 것처럼 꼼짝달싹할 수 없었다.

"지금 느끼는 이 통증은 뭐죠? 이 현실감은 어디에서 오는 건데요? 단순히 물리적인 반응인가요? 왜 이 통증은 나만 느낄 수 있는 거예요?"

땅바닥에 들러붙은 껌처럼 찰싹 누워 있는 내가 홍보 모델을 위로 올려다보니, 그 여자는 신이 나 여기저기 침을 튀겨 가며 연설하기 시작했다.

"너는 학생이지. 지금이라면 철학의 개념을 이해할 수 있는 머리는 갖고 있어! 그런데 그저 나이만 먹어 가다가 어느 날 갑자기 인생이 무엇인지를 생각한다면 그땐 이미 늦어서 더 이상 어려운 것을 생각 못해. 결국 계속 고민에 고민만 반복하다 마음만 아파질 뿐이지. 나중에 그렇게 돼도 괜찮겠어? 빨리 눈을 떠서 수준 높은 인생을 추구하란 말이야! 물질에 취해서 로봇 같아지면 게임 끝나. 어서 철학해! 아직 늦지 않았다고! 잠깐, 왜 그래? 왜 네, 아니요 대답이 없어! 헉! 혹시 너도 이미 프시케니?!"

"지금 그쪽 발차기로 얻어맞아서 쓰러져 있는 거거든요!"

홍보 모델 같은 여자의 강력한 권유의 뒤에는 어떤 꿍꿍이가 숨겨져 있을지 모르겠지만, 지금 내가 처한 상황을 바꾸라고 하는 말에 담긴 위기감만은 느낄 수 있었다. 단순히 겉만 화려한 말이 아니라 진심으로 나의 인생을 바꾸어야만 한다는 생각이 들었다. 맥없이 바닥에 뻗어 있는 나에게 계속 쏟아져 내려오는 그녀의 말을 들으면서 조금씩 의문이 커지기 시작했다.

수준 높은 인생이란 무엇일까? 게다가 철학이 필요하다는데, 대체 철학에 어떤 힘이 있는 것일까?

## 철학은 혼자서 할 수 없다

"아, 정말 아프다."

겨우 몸을 일으킨 나는 그녀에 대한 불신감과 의문이 증폭돼 갔다.

"저한테 철학을 하자고 말씀하셨는데요, 철학이란 자기 머리로 생각해야만 의미가 있는 것 아닌가요? 다른 사람이 생각한 것을 제가 안다고 해도 그것은 남의 생각을 안 거지, 진정한 인생의 의미를 알았다고 생각하지 않아요."

"오, 점점 깊게 들어가는데? 그런데 그것을 '바퀴의 재발명'이라고 해."

"바퀴의 재발명이요?"

"응. 이미 발명된 기술이나 새로 발견된 해결법을 모른 채 처음부터 만들기 시작하는 거지. 이것 참 비효율적이지 않니?"

"하지만 자기 철학은 자기가 만들면 되는 거 아니에요? 누군가와 비교할 것도 아니고요."

"안 돼! 인생이라는 수수께끼를 얕보는군. 다시 또 발차기를 날려 줘야 하나."

"아아! 잠깐만요! 그러면 자세히 알려 주세요! 이해하기 쉽게요."

그녀는 웃는 얼굴로 다시 설명을 시작했다.

"철학은 최강의 철학자를 가리는 대결과 같은 거야. 고대 그리스라는 아주 먼 옛날부터 계속되고 있는 거지. 소크라테스의 철학을 플라톤이 진화시키고, 플라톤의 철학에 비판을 더해 강력하게 만든 것이 아리스토텔레스야. 그리고 그들에게 대항한 사람들이 소피스트들이지."

"그렇다면! 토너먼트 경기 같은 거네요?"

"그래. 어떤 철학자가 자기주장을 하면 다른 철학자가 그것을 비판하지. 그리고 더 새로운 생각을 제시하는 거야. 그러면 또 새로운 전쟁이 일어나는 거지. 이로써 옛날 철학은 무너지고 다음 단계로 넘어가지. 이것이 철학사야. 이런 일들이 2,500년이나 계속되었는데 지금 잠깐 생각해서 결론을 내리겠다는 건 대체 누구 생각이니? 이거야말로 수학을 0에서부터 다시 생각하는 거니까 너무 비효율적이지 않니?"

"큭큭, 제가 인생에 대해 지금부터 생각해도 현대까지 따라올 수가 없는 거네요."

"그렇지. 마치 어떤 사전 지식도 없이 혼자 힘으로 뉴턴의 물리학을 발견하겠다는 거나 마찬가지지. 술집에서 아저씨들이 인생은 이런 거라고 떠들어대는 설교를 철학이라고 생각하는 사람들이 있고, 너 같이 철학으로는 아무것도 해결할 수 없다고 생각하는 사람도 있어. 음, 모두 땡이야! 이런 생각들은 틀려도 너무 틀렸어! '모른다는 것'은 무서운 거야. 철학이야말로 자연과학을 만들고, 정치를 만들고, 때로는 혁명을 일으키기도 해. 물론 지금 국가의 기반에도 철학의 원리가 움직이고 있지."

그녀가 말하고 있는 철학이라는 게 범상치 않다는 것을 느꼈다. 그저 남들에게 특별해 보이기 위해 고대 그리스풍의 옷으로 몸을 치장한 것이 아니라, 진정 내 앞에 철학의 화신이 나타난 것 같다는 생각이 들었다. 하지만 곧 괜히 쓸데없는 말에 속지 말자고 마음을 다잡았다.


## '아름다움' 이란 무엇인가? - 철학 연습

"그러면 한번 연습을 해볼까? 철학 연습. 문답을 하는 거야."

스스로 철학자 소크라테스의 화신이라고 말한 그녀는 길거리에서 청년을 붙잡아 놓고서 철학적인 문답을 하려고 했던 모양이었다. 그러니까 묻고 답하는 식의 대화를 시도한 것이다. 고대 그리스에서는 길을 지나가다가 나같이 마음 약한 청년들이 이런 피해를 많이 당했단 말인가…….

"너는 '아름다움'이 무엇인지 아니?"

그 여자는 자기가 예쁘다는 말이 듣고 싶은 건지 느닷없이 이런 질문을 했다. 분명 그녀는 여신 같은 분위기를 풍기며 참으로 매혹적이면서도 예뻤다. 그렇지만 지나가는 나를 붙잡고 자기가 예쁘다는 걸 굳이 확인해야 하는지 생각하면, 분명 심각한 공주병인 것 같기도 했다. 역시 신경 쓰이는 여자였다.

"왜 그래? 아름다운 것이 무엇인지 물었잖아."

그녀는 나를 향해 걸어오면서 물었다. 너무 익숙한 풍경 속에서 그 아름다운 존재가 나에게로 걸어오고 있었다. 갑자기 콩닥콩닥 심장이 마구 뛰었다.

"아……. 네……. 저기……. 너무 아름다우세요."

다가오는 그녀와 눈이 마주치지 않게 눈을 내리깔고서 내 생각을 그대로 말했다.

"뭐, 뭐라고? 너도 참, 그런 말을……. 호호호.

말은 고맙다만, 그걸 물은 게 아니야! '미녀'란 '개별적'인 것이지 '아름다움 그 자체'가 아니잖아. 나는 아름답다는 성질이 아니라 '보편적'인 '아름다움'에 대해서 물은 거야."

대체 무슨 말을 하는 것인지 알 수가 없었다. 개별? 보편? 내 머릿속에는 물음표들만 가득했다.

"그러니까, 예쁘게 생긴 미녀처럼 실제로 있는 사례가 아니라 이것을 뛰어넘는 아름다움 자체를 이야기한 거야. 자, 그럼 다시. 아름다움이란 뭐지?"

아, 정말이지 어렵다. 대체 그걸 어떻게 말로 설명해. 그래도 좀 집중해서 다시 생각해 보자! 아름다움 자체라니. 그런데 그런 게 과연 존재할까? 미녀처럼 구체적인 사례를 제외하고서 아름다움만을 설명하라니. 말도 안 돼! 어떤 물체를 통하지 않고 아름다움을 어떻게 설명해!

난 아름다움을 이런 식으로 생각하는 것밖에 없다고 결론 짓고 입을 뗐다.

"잘 들어 보세요. 그림의 아름다움, 패션의 아름다움, 여성의 아름다움 등, 아름다움에는 여러 가지가 있지만, 이 세상에 단 하나의 아름다움 자체 같은 것은 없어요. 물체를 통하지 않고서는 아름다움은 보이지 않아요!"

내 대답을 들은 그녀는 활짝 웃었다.

"하하하. 제 말이 정답이죠?"

"오, 그렇지. 자, 그러면 이건 어때?"

그녀는 갑자기 내 등 뒤로 와서 내 두 어깨에 양손을 올리고 주물렀다.

"아까는 미안했어. 통증이 빨리 가라앉도록 내가 마사지해 줄게."

귀, 귀, 내 귀에 대고 숨을 쉬었다! 갑자기 이렇게 이상한 행동을 하다니.

그 순간, 갑자기 어깨가 아파 와서 견딜 수가 없었다.

"아, 아, 아, 아악! 아파요. 흑흑. 너무 아프단 말예요! 아, 대체 뭐하시는 거예요!"

방금 전에 발차기로 맞아서 쓰러졌는데 이번엔 어깨까지. 너무 아파서 화가 났다기보다 아프다는 생각밖에 안 났다.

"미안해. 힘을 조금 준다는 것이 너무 셌나 봐. 그건 그렇고, 지금 내 행위는 어떠니?"

"지금 이 상황에서 그런 걸 묻는다는 게 이상한 거 아니에요? 지금 사과하신 거 맞아요?"

"아까, 네가 아름다움은 물체를 통하지 않고서는 보이지 않는다고 했잖아. 다시 한 번 잘 생각해 봐. 다른 사람을 위해서 하는 행동이라는 것은 아름다운 행위니? 아니면 흉악한 행위니?"

"그, 그건……. 아름다운 행위죠."

"너는 아름다운 행위가 물체를 통해서 보이니?"

"아니, 뭐……. 보여요! 어깨도 제 몸이니까. 몸을 주무르는 모습을 볼 수 있잖아요."

"우와, 그러면 어깨를 주무르는 모습을 보고서 그것을 본 네 눈이 아름답다고 느끼는 거구나."

"네?"

"인간이라는 물체가 손을 뻗어서 다른 인간의 어깨를 주무르는 모습이 아름다운 거니?"


## 보이지 않지만 존재한다!

그때 나는 그녀의 고대 그리스풍 의상이 더 이상 거부감이 들지 않는다는 사실을 깨달았다. 말하는 내용이나 행동이 이상하게 잘 어울렸다. 그 여자는 분명 내가 지금까지 생각하지 않았던 것을 말하고 있었다.

"음, 한 가지 예를 들어 볼게. 지하철에서 할아버지나 할머니에게 자리를 양보했다고 해보자. 이것은 아름다운 행위지? 자기를 희생해서 다른 사람을 도와주는 것은 아름다운 거니까. 그런데 꼭 자리를 양보하는 모습을 카메라로 찍어서 나중에 이 장면을 볼 때 아름답다고 느끼는 걸까?"

"아, 그것은 아니지요. 그 상황을 눈으로 봤기 때문에 아름다운 것은 아니에요."

"그렇게 말한다면, 아까 네가 말했던 것. 물체를 통해서 아름다움을 알 수 있다고 했던 말과 다르잖아. 아름다운 사람이나 아름다운 사물 같이 말이야. 쉽게 예를 들어 볼게. 생각해 봐. 아름다운 사람이라면 사진기로 화보를 찍어서 그 사람의 아름다움을 표현할 수 있잖아. 이런 것처럼 어르신께 자리를 양보하는 상황을 사진으로 찍는다면 앞에서 예로 든 그 사람의 아름다움과 같은 아름다움일까? 아름답다고 하는 의미가 다른 것 같지 않니?"

분명 달랐다.

"우리들이 아름답다는 말로 표현하기는 해도 아름다운 행위라든지, 아름다운 생각, 아름다운 말 등은 확실한 형체를 갖고 있지 않아. 그럼 다시 물어볼게. 아름다움이란 뭐지?"

"……."

나는 아무 말도 할 수가 없었다.

"이제 좀 알겠나 보구나. 아름다운 행위의 아름다움 그 자체는 보이지 않는 거야. 따라서 아름다움 그 자체는 아름다운 사물 등과는 다른 존재인 거지. 그러면 시대에 따라서 아름답다는 형태가 변하는데, 아름답다고 느끼는 감각에서 그 아름다움의 자체도 변할까? 음. 우선 지금까지의 문답을 통해서 너는 적어도, 겉으로 보이는 아름다움을 뛰어넘는 아름다움의 본질이 있다는 것을 알았지?"

나도 모르는 사이에 내가 아름다움에 대해 골몰해 있었다니! 내 생각의 모순을 그녀가 지적해 준 덕분에 나는 아름다움에 대한 생각의 폭이 조금이나마 넓어졌다. 내 내면에 있었던 것을 깨우치게 해주는 것. 이것이 문답이라는 걸까?

"자, 그러면 오늘은 여기까지만 하지. 너는 사물의 **본질**에 대해 생각해 봐. 그리고 아름다움뿐만이 아니라 '선(善)이란 무엇인지', '정의(正義)란 무엇인지' 스스로에게 물어보도록 해. 그렇게 해보면 사실 자신은 아무것도 모르고 있었다는 것을 깨닫게 될 거야. 자신의 무지를 깨닫는 것, 즉 자신이 모르고 있다는 것을 아는 거지. **무지(無知)의 지(知)**야. 여기에서부터 철학을 시작하는 거지.

다음 수업은 다음에 만나서! 그럼 이상!"

이렇게 말하고 그녀는 흰 천을 휘날리며 달려갔다.

다음에 만난다니 생각만 해도 아찔했다. 오늘은 여러 가지 일이 벌어져서 너무나도 힘든 날이었다. 사실 정확히 말하자면 육체적으로 힘든 것은 90%가 아까 발차기로 얻어맞아서다.

아, 목이 아프다. 그런데 아프다는 것은 뭐지? 아프다는 것도 여러 가지가 있겠지만 이 모든 것들의 공통점인 아픔의 본질이란 뭐지……?

순간 깜짝 놀랐다. 내가 이런 생각을 하다니 말이다. 사라져 가는 그녀의 뒷모습을 보면서 나는 인생에 도움도 안 되는 일에 에너지를 써버렸다는 탄식이 흘러나왔다.

그런데 내 마음을 아프게 했던 실연의 고통은 이상하게도 많이 아물어 가고 있는 듯했다.

## 인생의 문제를 풀기 위해서

다음 날.

수업을 받는 내내 목이 아팠지만 수업이 모두 끝나가자 서서히 나아가는 느낌이 들었다. 어제는 철학의 자극을 느꼈지만 목도 아직 다 낫지 않았으니 오늘은 편의점에 들르지 말고 바로 집으로 가는 것이 좋겠다고 생각했다. 나는 교실에서 책가방을 싸고 페리파토스로 나왔다.

페리파토스란 '산책'이라는 의미의 그리스 어다. 그런데 우리 학교에서는 여러 가지 시설과 시설을 연결하는 통로를 페리파토스라고 부른다. 학교 이름도 아테네 사립 고등학교다. 생각해 보면 그리스와 연결된 것이 참 많다. 어제 그 여자를 떠올리니 목에 뻐근해지며 통증이 느껴지기 시작했다.

"거기! 청년!"

아, 이 목소리는……. 역시 예감이 안 좋다. 목이 뻐근했던 이유는 미리 대피하라고 울리는 경보였던 모양인가 보다.

"청년! 철학할 마음은 생겼나?"

어제 그 홍보 모델 여자는 오늘 우리 학교 교복을 입고 있었다. 분명히 아테네 사립 고등학교 교복이다.

"우리 학교 학생이세요?"

"3학년 4반이야. 그것보다, 벌써 하루가 지났어."

우리 학교 선배였다. 나도 모르게 한숨이 흘러나왔다.

"휴, 단 하루지요. 철학 같은 거 아직 잘 알지도 못하는데."

"인생은 그 단 하루들이 쌓여서 이루어지는 거야. 우리가 이렇게 말하고 있는 중에도 시간은 흘러가고, 그러다 나중에 내 인생은 과연 무엇이었는지 생각하게 돼. 너무 늦으면 여러 가지로 불안해져서 해결할 수 없어. 눈앞에서 벌어지는 일만 따라가다 보면 그렇게 되는 거야. 근본적인 인생의 문제를 해결할 수 있는 훈련을 안 했기 때문에 생기는 불상사라고나 할까. 그러한 것도 인생인가? 안타깝기 짝이 없지."

변함없이 잘난 척하며 혼자 떠들어대는 귀찮은 여자. 하지만 계속 흔들리기만 하는 불안정한 내 마음은 그 이상한 여자의 말에도 흔들리기만 했다.

누구나 사춘기에 접어들 무렵이면 이 세상에 혼자 던져진다. 그리고 강제적으로 인생을 살아가게 된다. 인생이란 무엇일까? 진짜로 무책임하게 시작되는 걸까? 이제부터 나에게 무슨 일이 일어날까? 무엇을 향해 살아가야 하나? 나는 언제 죽을까? 바로 1, 2초 뒤에 무슨 일이 일어날지도 확실하지 않다.

수학 문제를 풀면 수학 지식이 내 머리로 들어온다. 물리 문제를 풀면 물리학 지식이 내 머리로 들어온다. 이것은 인생을 편리하게 살도록 하는 기술이지만, 인생 전체의 의미를 알려

주지는 않는다. 인생의 문제를 풀기 위해 철학을 공부할 필요가 있다고 선배가 말했다. 그렇게 하면 마치 수학이나 물리학의 답이 나오는 것처럼 인생의 답이 나올지도 모른다.

만일 그렇다고 하면 이 괴상한 선배의 이야기를 계속 들어도 손해될 것이 없을지도 몰랐다. 위험한 종교단체에 속해서 이상한 신을 믿으라는 것이 아니고(역시 자기 학교에서 활동하지는 않겠지), 별도로 수업료를 내야 하는 것도 아니니 만약에 나한테 도움이 안 된다고 해도 손해될 것은 없는 것 같았다. 다만 언제 날아올지 모르는 발차기에만 주의한다면 말이다.

이렇게 결론짓고 나는 그리스 철학에 대해서 선배로부터 지혜를 전수받게 되었다.

## 누구나 갖고 있는 '올바른 것'

모르는 사람이 보면 방과 후에 데이트라도 한다고 생각할지도 모른다. 하지만 이것은 어디까지 철학 수업이다.

페리파토스를 걸으면서 린 선배의 말에 귀를 기울였다.

선배 말에 의하면 소크라테스는 기원전 469년경부터 기원전 399년 4월 27일까지 살았던 사람이라고 한다. 사망한 날만 정확하게 기록되어 있는 것은 소크라테스가 사형을 당했기 때문이란다. 사형당했다고 해서 아주 흉악한 범죄를 저지른 범죄자로 생각하면 큰 오산이다. 오히려 그는 너무 올곧아서 사형에 처해졌다.

"소크라테스는 '본질의 것'을 너무 추구했어. 그렇기 때문에 정치가들에게 불편한 존재가 되었고, 결국 그들의 계략에 빠졌지."

지금도 있을 법한 얘기다. 자기들이 잘못한 것들을 폭로할까 두려워하는 정치가가 정의로운 사람을 없애는 것. 너무 살벌한 세상이라고 생각할지 몰라도 이것이 현실이다.

"그런데 본질의 것이란 게 뭐예요? 소크라테스는 나쁜 정치가의 비밀이라도 알고 있었어요?"

"아니. 그는 인생의 진리를 추구해서 여러 사람들과 문답을 했을 뿐이야. 문답이라는 것은 상대방에게 철학을 가르쳐 주는 것이 아니라 상대방의 **내면에 있는 진리**를 끌어내는 기술이야. 어제 네게 했듯이 말이야. 당시 그리스 정치가들은 그런 식으로 해서 민중들이 실체를 깊이 생각하도록 가만 놔두지 않았어."

"그래요?"

"문답을 하기 위한 문답법은 설교하고는 달라. 설교는 생각을 일방적으로 전달하는 것이지만, 소크라테스는 이렇게 생각했어. 인간은 누구나 무엇이 올바르고 무엇이 틀린 것인지 처음부터 알고 있어서 이것을 상대방의 마음에서 끌어내 주기만 하면 된다고 말이야."

린 선배의 말에 따르면, 인간은 **로고스**\*를 구사해서 시행착오를 거치면 최종적으로 모두 하나의 동일한 결론인 **객관적 진리**에 도달한다고 한다.

"그런데 아직 많은 사람들은 자기 속에 **올바른 것**이 존재한다는 것을 모르기 때문에 '**~은 무엇이지?**'라는 생각을 거듭하는 거야. 이런 사실을 몰랐다는 것을 알고 나서야 조금씩 올바른 것에 다가가는 거지. 문답을 한 결과, 올바른 것이 그 사람 속에서 나온다고 생각하는 거야."

## 정의에 대해 생각한다

"우선 나와 문답해서 마음속에 있는 진리인 '~은 무엇이지?' 라는 질문을 철저하게 생각해 보자. 이것은 현재 문제를 해결하기 위해서도 도움이 돼. 그러면 음, **정의**(正義, justice)에 대해서 생각해 보자."

아, 정의. 물론 이런 것을 생각할 필요가 있을지 모르겠지

---

\* 로고스: 언어(말), 진리, 이성, 논리 등의 개념을 포함하고 있는 그리스 어.

만, 옛날 문답법 같은 것이 이 21세기 토론의 시대에 통용될 리가 있단 말인가. 순간 내가 이러고 있는 것이 한심하다는 생각이 들었다.

"정의는 그냥 정의지요."

"아직 이해를 못했구나. 무엇이든지 안다고 생각하고 말을 이어나가지 않으면 그걸로 끝이야. 이런 태도는 사실 아무것도 모른다는 증거지. 왜 우리가 굳이 생각해야 하느냐면, 그 답은 명쾌해. 생각하면 보이지 않는 것들이 보여. 새로운 세상으로 들어갈 수 있어. 하하하."

린 선배가 갑자기 양팔을 벌리고 시원하게 웃었다. 정말 학교 안에서만이라도 사람들에게 눈에 띄는 행동은 하지 않았으면 좋겠다.

어쨌든 다시 집중해 보기로 했다. 내가 사는 세상 그 이상의 것이 존재할까? 철학이라는 것은 RPG(역할 수행 게임) 같은 것일까? 새로운 아이템을 얻으면 다음 단계로 갈 수 있듯이 지금까지 닫힌 세상이 열리는 것일까? 만일 그렇다고 한다면 선배 말에도 일리가 있을지 모른다. 사고라는 장비를 갖추고서 문제와 싸우고, 새로운 세상에 들어가는 것이다. 장비가 없으면 앞으로 나가기란 어렵다.

"선배가 말하는 것은 알겠는데요. 애당초 정의가 무엇인지 딱 다가오지 않아요."

"그렇지? 정의는 우리 편이라든지 악에 맞서 싸우는 정의라든지. 이런 말들밖에 떠오르지 않을 거야. 그래, 그렇기 때문에 그 의미를 더욱 깊이 생각해야 돼."

"깊게요?"

"이 사회에는 지위가 높은 사람과 낮은 사람이 있잖아. 이것을 흔히 불평등하다고 이야기하는데, 이것은 좋은 걸까? 아니면 나쁜 걸까?"

"빈부 격차 같은 거요? 그런 것들이 사회에 존재해도 괜찮다고 물으신 거예요?"

"그런 식으로 생각하면 돼. **격차**라고 말해도 좋아. 차이가 나는 편이 좋을까? 아니면 차이가 안 나는 편이 좋을까?"

"그건, 차이가 안 나는 편이 좋을 것 같아요."

"음, 그러면 모두가 평등해지는 것을 원하는 거네?"

"그렇지요."

"그렇다면 경쟁이 없어져서 모두들 똑같겠다. 열심히 일한 사람이나 열심히 일하지 않은 사람이나 월급이 모두 똑같은 거야. 모든 사람들이 그저 먹고 살기 위해서만 농작물을 재배하고, 이것을 모든 사람들에게 공평하게 나누어 주는 거네. 옷도 수수해지겠다. 사회가 이렇게 돼도 괜찮을까?"

린 선배는 가볍게 자신의 교복 매무새를 정리했다.

"으음."

약간 어딘가 아닌 듯싶었다. 분명 어느 정도의 격차가 나면 서로에게 좋은 자극을 주기 때문이다. 어느 정도의 격차가 있으면 좋을지도 모른다. 하지만 격차가 존재하는 사회에서 내가 하위 계층에 속하는 것은 역시 너무 싫다.

"그런 식으로 생각하는구나. 어느 정도의 격차가 존재하는 것이 올바르다고. 그러니까 격차를 유지하는 것이 '정의'일까, 아니면 격차를 완전히 없애는 것이 '정의'일까?"

"그렇군요. 이 경우 '정의'라는 것은 '올바른 것'을 의미하네요."

"그렇지."

린 선배는 발걸음을 멈추고 페리파토스에서 학교 가운데 있는 타워를 올려다보고 있었다.

"우리 학교의 학습 프로그램은 최고급 수준이야. 모든 기술과 뇌 과학을 사용해서 어떻게 하면 학생들을 유능한 사람으로 키울 수 있는지 연구하고 있어. 교육의 효율성을 높이기 위해서는 그만큼의 과학의 힘이 필요할 거야. 이것은 올바른 생각이지. 정의일지도 몰라. 그런데 돈이 없으면 이런 교육을 받을 수가 없어. 그렇다면 이것은 올바른 것이 아니지? 즉, 정의가 아닌 건데. 어떻게 생각해?"

"으음, 그것은……."

나도 우리 부모님이 학교에 등록금을 내주시니까 이 학교에 다니고 있는 거다. 우리 부모님은 지금도 힘들게 열심히 일하고 계시겠지…….

"열심히 일하는 사람이 월급을 받고 그것을 사용하는 거니까 그것은 자기 자유잖아요."

"와, 능력주의구나. 열심히 일할 능력이 있고, 열심히 일할 수 있는 환경에 있다면 그 사람은 생활하기 어렵지 않을 거야. 그런데 반면에 열심히 일할 능력은 있어도 열심히 일하기 어려운 환경에 처해서 사회 소외 계층인 사람들이 있잖아. 이런 현상은 올바르다고 생각하니?"

"그건……, 그렇지 않지요."

지금까지 이런 생각은 해본 적이 없었다. 세상은 경쟁이라고 배웠기 때문에 그 사실에 대해 어떤 의문도 가진 적이 없었다.

부잣집에서 태어난 사람은 잘산다. 당연하지. 가난한 집에서 태어난 사람은 가난하다. 그 가난을 자신의 능력으로 만회하려는 사람도 있지만, 자신이 놓인 환경의 격차가 너무 벌어져 있을 경우에는 신분 상승을 하기 어렵다. 이것이 이 세상인 건가! 그렇다면 이 세상은 정의롭지 못하단 말인가? 정말 모르겠다.

## 억견을 깨라!

"뭐, 그런 식으로 생각하면 돼. 우리가 쉽게 말하는 정의라든지 정의로움이라는 말을 자기가 깊이 생각해 보면 되는 거야. 그런데 사실, 사회 속으로 들어가 구체적인 실제 사례를 찾아보면 갑자기 모르게 돼. 즉 모른다는 사실을 알게 되는 거야. 자기는 모르는데 알고 있다고 굳게 믿는 것. 이것을 그리스 어로 Doxa(독사), 즉 억견*이라고 하는데, 이 억견을 깨는 것이 철학의 힘이야. 우선, 네 생각에 의문을 품어 봐. 네가 그렇게 굳게 믿고 있는 그 생각은 누가 만들어 준 것인지 말이야. 스스로 생각한 것인지, 누군가에게 나 자신도 모르는 사이에 세뇌를 당한 건 아닌지. 억견을 깨고 눈을 떠. 이성이 있다면 너를 돌려놓을 거야."

한 마디 한 마디 옳은 말이었다. 하지만 문답을 돌이켜 생각해 보면 최종적인 답을 얻기에 어려울 것 같다는 생각도 들었다.

---

\* 억견: 일반적으로 근거가 박약한 지식을 말한다. 플라톤은 이를 신뢰할 수 없는 지식이라고 했다.

"그러니까 결국 정의란 뭐예요?"

"그러니까 말이지."

"뭐예요! 문답하면 안다고 말하셨잖아요!"

"문답하면 모두 **궁극의 답**이 나올 거야. 하지만 이미 나왔다고는 말하지 않지."

"네?"

"인생에는 끝없는 문답이 필요해. 전보다 조금씩 진리에 가까이 가고 있잖아. 가장 나쁜 것은 지금 갖고 있는 생각을 발전시키지 않고 그대로 갖고 있는 거야. 철학의 역할은 자신이 굳게 믿고 있던 편협한 생각을 없애고 새로운 단계로 이끌어 가는 거야. 그러니까 계속 의문을 품고 대화하고 지금과는 다른 자신을 꺼내면 되는 거야."

대화를 반복하다 보니 궁극의 답에 언제 도달할지 궁금해졌다. 또 만약 이렇게 대화하며 진정한 것을 추구했는데, 결국 아무것도 얻지 못한다면 어떻게 되는 것일까? 모든 사람이 제각각 다양한 의견을 내놓아서 대화가 평행선을 달릴 수도 있을 것 같다는 생각이 들었다.

"반신반의구나."

"누구나 올바른 궁극의 답이라는 것은 없을 것 같아요. 추상적인 것들에 대해선 사람들마다 생각이 제각각 다르잖아요."

"사람들마다 제각각일까? 그래, 너는 **상대주의자** 같구나. 뭐. 놀랄 일도 아니지. 현대인은 모두들 그렇게 생각하니까. 후후후."

린 선배는 상관없다는 듯 웃었다. 이 웃음은 또 뭘까. 또 어떤 이상한 속셈이 있는 것인지 모르겠다.

"네가 좀 각성하길 바라는 마음에 적과 대면시켜 주지. 네가 어느 입장에 서 있는지 한번 냉정하게 생각해 보길 바란다!"

"적이요?!"

"그래, 적. 괴물이야. 상대주의의 화신이지."

이렇게 또 선배가 돌변했다. 선배는 정말 예측불허다. 아무튼 난 또 이런 원치 않는 이상한 상황을 초래하고야 말았다.

"네 표정, 참 마음에 드네. 의욕이 전혀 없는걸? 아무튼 그 녀석은 고대 그리스 사회를 혼란케 만든 **상대주의**라는 사상을 무기로 하고서 우리 학교의 도덕을 타락시키는 원수지! 지옥의 신 하데스의 신하, 맹독의 침을 가지고 지옥의 문을 지키는 개, 케르베로스야!"

대체 무슨 말을 하는 것인지. 정상적인 내 머리로는 선배의 말을 전혀 이해할 수 없었다. 린 선배가 또 이상해졌나 보다.

"이제부터 그 녀석을 만나러 갈 거니까 따라와! 우리 학교에 소용돌이치는 음모를 막기 위해서라도 너는 아프로디테의 전사가 되어 줘야겠어. 올림포스 신들이여……, 우리에게 가

호를……."

역시 이 사람은 정말 미친 것 같다. 잠깐 내가 무언가에 홀려서 선배 장단에 놀아났다. 그러고 보니 목이 뻐근하고 이상하다. 혹시 이 통증은 앞으로 계속 이상한 일이 일어날 거라고 알리는 전조일까?

## 상대주의는 쓰레기 사상?

3분 뒤. 페리파토스에서 숨 가쁘게 뛰어간 곳은 3학년 4반이라고 팻말이 붙은 교실이었다. 여기는 선배의 교실인데.

"여기야."

린 선배가 문 앞에서 내 귀에 속삭였다. 선배가 심각한 표정을 짓고 있는 것이, 정말 장난은 아닌 것 같았다. 선배는 안에서 다이몬의 소리가 들린다는 둥 혼자 이상한 말들을 해댔다.

"저기, 선배. 여기 선배 교실이죠?"

나는 일단 선배가 제대로 본 것인지 확인했다. 린 선배가 고개를 끄덕였다.

"그래. 그런데 이상하지 않니? 조금도 인기척이 느껴지지 않아."

분명히 그랬다. 마치 문이 다른 세상과 연결된 것처럼 너무나도 조용했다. 혹시 정말 문 뒤에 괴물이 숨어 있지 않나 하는 생각마저 들었다. 하지만 다시 정신을 차리고 선배에게 말했다.

"선배. 수업 끝났으니까 다들 집에 갔잖아요."

"딩동댕!"

린 선배는 아무렇지 않게 대답하고는 이 상황에 만족했는지 아주 밝은 목소리로 교실에 들어가자고 말했다. 그리고 당당히 문을 활짝 열고 들어갔다.

그런데 교실에는 여학생이 한 사람 있었다. 빛나는 금발의 긴 생머리를 찰랑이는 여학생은 자신감이 넘쳐 보였다.

그 여학생은 밝게 웃으며 선배에게 말을 걸었다.

"린, 무슨 일이야?"

어디에선가 그 여학생을 본 것 같았다. 어디에서였을까. 곰곰이 생각해 보니 우리 학교 학생회장이었다.

"선배. 저 사람 학생회장 아니에요?"

작은 목소리로 선배에게 물었더니 선배는 교실이 떠나가라 아주 큰 목소리로 답했다.

"맞아. 재야말로 우리 학교를 활보하는 상대주의의 화신인 기베인 아이야!"

선배가 손가락으로 가리키자 아이 선배는 과장되게 손을 살짝 입으로 갖다 대며 만화에 나오는 공주님처럼 품위 있게 "호호호." 하며 웃었다. 아이 선배라는 사람도 린 선배와 비슷한 분위기의 사람 같아 보였다.

하지만 학교를 대표하는 학생회장인 아이 선배가 린 선배의 적이라니 점점 더 이상해진다.

"저 기베인 아이는 말이지, 극도의 상대주의자야. 마음대로 교칙을 만들어 학생들을 조정하면서 자기는 규칙 같은 것은 지킬 필요가 없다고 무시하는 사람이야. 속으로 규칙은 인간이 마음대로 만들어 놓은 것이니까 어떤 규칙이든지 마찬가지라고 생각하는 거지."

"어머, 트집도 잘 잡는구나. 나는 모든 사람들을 위한 일들만을 생각하고 있어. 학생들이 모두 다 각자 충분히 즐겁게 학교를 다닐 수 있는 것이 최상이 아니라는 거지. 그렇지 않니? 난 개개인을 존중하는 규칙에 대해 반발할 생각은 아주 조금도 없어."

두 사람은 계속해서 서로에게 불꽃을 튀기며 이야기했다. 아무런 존재감 없이 두 사람 사이에 끼어 있던 나에게 두 선배 모두 입 다물게 할 중요한 말을 해야겠다는 압박감이 밀려왔다. 하지만 구태의연한 말조차 생각나지 않았다. 열심히 생각해 보았지만 결국 입도 뻥끗 못했다. 참 무력했다.

린 선배가 말을 뱉었다.

"상대주의는 현대인한테 쓰레기 사상이야."

그러자 아이 선배는 양손으로 머리를 뒤로 쓸어 넘기면서 고개를 저었다. 또한 "절대. 절대. 절대."라며 손가락을 좌우로 흔들면서 아주 우아하게 부정했다.

"상대주의 어디가 나쁘다고 말씀하시는 것인지?"

"흥. '너는 너고, 나는 나'라고 생각하니까 개인의 자유를 너무 강조해서 사회가 제각각이 된 거 아니야! 모두가 제멋대로 행동하다가 사회고 학교고 모두 제각각이 돼도 괜찮다는 말이니? 너무 무책임한 주장이야!"

두 사람의 말을 들으니 상대주의라는 녀석은 **사람들마다 가치관이 제각각 다르다**고 생각하는 것 같았다. 하지만 그 생각만으로는 전혀 이상하지 않았다. 그렇다면 린 선배가 말한 것처럼 나도 상대주의자일지 모른다.

아이 선배가 말했다.

"사람은 모두 제각각이야. 몸도 다르고 느끼는 것도 다들 달라. 더위를 타는 사람이 있으면 추위를 타는 사람도 있단 말이지. 국가가 다르면 인종도 달라. 언어도 다르고. 남녀 차이도 있고 서로 나이도 달라. 모두 다른 것 천지라고. 그러니까 각자가 다르게 하는 생각부터 각자의 기호까지 존중해야 하는 것 아니니? 그렇지 않아?"

분명 린 선배가 부정하는 것. 사람들의 가치관은 모두 제각각이라는 생각은 너무 당연한 것이다. 누구의 생각이 옳으냐고 묻는다면 역시 나는 아이 선배에게 한 표를 던질 것이다.

"기리시마 린. 이 정도에서 내 생각을 받아들여. 바람이 추운지 더운지는 그 사람의 감각에 의해 다르게 느끼는 거야. 내 말은 바람 그 자체는 춥지도 덥지도 않단 말이야. 시대 흐름에 뒤쳐진 네 그리스 철학자 연기도 이제 질린다."

아이 선배 말대로다. 인간마다 제각각 느끼는 감각이 다르기 때문에 그 감각에서 떠나서 **변하지 않는 무엇인가**가 있을 리 없다. 나는 역시 상대주의자였다.

격론을 나누는 두 사람의 대화에 끼지도 못하고 꿀 먹은 벙어리처럼 있던 나는 눈을 돌리다가 책상 위에 놓인 것을 무심코 손으로 집어 들었다. 누군가 놓고 간 물건이었다.

아이 선배는 내 행동을 보고서 눈을 번쩍 뜨며 놀라워했다.

"너도 좀 할 줄 아는 거지?"

이게 무슨 말이지?

고민했다. 내가 집은 물건이 문제가 될 만한가 생각한 찰나, 아이 선배가 말했다.

"'인간은 만물의 척도이다.' **소피스트**의 한 사람인 **프로타고라스**가 했던 이 말을 하고 싶었던 거지?

이건 또 무슨 말인지. 소피스트는 뭐고, 프, 프로타······고라스는 누구지?

## 상대주의의 역설

"뭐야? 설마 너 진짜 상대주의가 옳다고 생각하는 거니?"

린 선배가 나를 째려보았다.

"아니, 저기. 꼭 그런 건 아닌데요."

"상대주의자들한테 속아선 안 돼. 잘 생각해 봐. 춥거나 덥다고 느끼는 감각이 사람에 따라 다르다는 주장을 하기 위해서는 춥다거나 덥다는 것을 **똑같이 이해**했다는 거잖아."

똑같이 이해했다고? 대체 무슨 말인지.

"상대주의를 주장하기 위해서는 애당초 누구든지 이해할 수 있는 전제가 필요하지? 사람마다 제각각이라는 주장을 하기 전에 **객관적인 전제**가 있어야만 하는 거야."

모르겠다. 객관적인 전제라니. 모두 알아듣지 못하는 말들뿐이라 나만 왕따당하는 느낌이었다.

가치관 같은 것이 다양하면 더 좋은 거 아냐. 누가 무슨 생각하든지 자기 마음이지. 이런 자포자기하는 심정으로 나도 모르게 혼자 중얼거렸다. "그것 참, 사람마다 제각각이니, 생각도 사람마다 제각각······."

내 혼잣말을 들었는지 아이 선배가 한 걸음 뒤로 물러서며 충격을 받은 듯 말했다.

"뭐? 뭐라고 했니? 사람마다 제각각이라고 하는 생각도 사람마다 제각각······? 이 말은 상대주의에서 해서는 안 될 말이야. 기리시마 린. 제자를 여기까지 키웠구나."

아이 선배 말을 듣고 내가 더 깜짝 놀랐다.

"역시 문답열녀라고 불리는 네 제자답다. 상대주의를 주장하는 것은 하나의 입장이기 때문에 서로 똑같이 상대주의의 입장을 취할 수 없다는 비판이군."

문답열녀라니, 인터넷 별명 같은데? 아무튼 이런 별명도 있다는 말은 린 선배가 정말 (이 세계에서) 유명한가 보다. 이런 분위기 속에서 정작 본인은 아무렇지 않다는 듯이 웃으면서 이야기했다.

"청년! 공부 좀 했구나."

나를 칭찬하며 나에게로 와 내 어깨를 토닥여 주었다.

"상대주의란 절대로 옳은 것이란 없다고 주장하지. 하지만 그렇게 되면 절대적으로 옳은 것이 없다는 주장 그 자체는 옳은 것인가 아니면 옳지 않은 것인가라는 모순을 품게 돼. 패러독스! 역설이야. 만일 상대주의가 절대로 옳다면 상대주의 자체가 옳지 않다는 말이 되니까."

상대주의가 옳은 것이면 상대주의도 상대주의적 생각으로 인해서 오히려 옳지 않은 것이 된다고? 연결이 이상하게 돼서 결국 말이 앞뒤가 안 맞게 됐구나.

참, 뭐. 나는 이렇게 깊은 뜻으로 말한 것이 아니었는데 이런 칭찬을 들을 줄이야. 그냥 생각난 대로 주절댔을 뿐인데.

"아무 의미 없었어요. 저, 잘 몰라요. 아, 잘 전달하지 못하는 거예요."

이렇게 말하자 아이 선배가 눈을 휘둥그레 뜨면서 말했다.

"그, 그것은 소피스트의 한 사람인 **고르기아스의 말!**"

이 말을 하며 과장되게 몸을 비틀다가 교탁에 몸을 기대고 손을 탁 올려놓았다.

"'아무것도 존재하지 않는다. 존재해도 이해되지 않는다. 이해된다 해도 남에게 전달할 수가 없다.' 너는 상대주의의 종착지는 다른 사람과의 공통점이 없어져서 자기 속에 숨는 지옥이라고 주장하는 거지?"

이렇게 복잡한 생각을 내가 할 리 없다는 걸 정말 모르는 걸까? 어제부터 너무 말도 안 되는 상황이 많이 벌어져 이제는 더 이상 못 참겠다는 생각이 들었다. "휴." 저절로 한숨이 터져 나왔다.

"저. 너무 지쳤어요. 오늘 너무 많은 일들이 있었어요."

내가 말하자 바로 아이 선배가 말했다.

"그렇구나. 조금 피곤했다, 많이 피곤했다 등 피곤한 상태는 모두 제각각이어서 상대적이지만, 이것은 피곤함을 아는 사람들끼리는 통하는 말이다. 이런 말이 하고 싶은 거지? 모든 사람들은 상대적인 감각이나 가치관을 갖고 있지만 그 피곤한 본질은 서로 이해할 수 있다. 뭐. 그런 말이지?"

아이 선배는 고개를 밑으로 숙이다가 휙 고개를 들어 헝클어진 머리카락을 정리하고선 당당하게 나를 쳐다보았다.

"기리시마 린의 제자여. 너는 나에게 선전포고를 한 거로군. 하지만 이 정도로 나를 이겼다고 생각한다면 큰 착각이야."

"아니에요. 오해하신 거예요. 선전포고를 하다니요."

아이 선배는 나에게로 사뿐사뿐 걸어오다 내 옆으로 와 내 귀에 대고 말했다.

"분명 너는 나에게 손들게 돼 있어."

달콤한 냄새와 함께 이런 말을 남긴 아이 선배는 교실 뒷문을 열고 나갔다.

이로써 우리의 승리였으나, 이 즐거움에 취할 새도 없이 교실에 남겨진 나는 린 선배의 차가운 눈초리를 받아야 했다.

"어쩌다 네 무식 덕분에 오늘은 잘 넘겼지만 다음에도 잘 넘길 거란 생각은 하지 마."

역시 린 선배는 알고 있었다. 아니, 오히려 아이 선배가 어딘가 이상했던 것이다. 그래도 아이 선배 덕분에 어느새 나는 린 선배의 제자가 되었다.


## 생각하지 않으면 좀비가 된단 말이야!

아무튼 소크라테스의 철학과 상대주의가 적대적인 관계에 있었다는 사실은 충분히 알았다. 또한 지금까지의 지식으로 내가 어느 쪽에 속하는지를 생각해 본다면 난 상대주의에 가깝다는 사실도 알았다.

"참, 그러고 보니 아이 선배가 말했던 '소피스트'는 뭐예요?"

"**궤변**을 일삼는 사람들이지. 소크라테스가 강렬하게 비판했던 적이야. **변론술**이라고 하는 당치도 않은 말을 했던 거지. 쉽게 얘기하면, 흰 것을 검다고 하고 검은 것을 희다고 구슬리는 거야. 이렇게 되면 진리를 모르게 되는 것은 당연하지. 그들이 상대주의를 확장시켰어."

"그렇군요. 상대주의는 역시 안 좋은 사상이네요?"

나는 린 선배의 표정을 살펴보면서 물었다.

"당연하지! '나는 나, 너는 너'라고 해서 모두 제각각 다른 감각이나 가치관에 갇히면 같은 세상에 있으면서도 다른 세상에 있는 것과 마찬가지야. 마음과 마음 사이에 장벽이 세워져서 서로가 소통할 수 없으니까."

"아! 그 부분에 대해서는 조금 이해가 됐어요. 모두들 제각각 자기 껍데기 속에 갇혀 있지 말고 서로 마음에 공통되는 것을 찾아야 한다는 말이시죠?"

"그래. 모두가 상대적일 리가 없어. 모두에게 공통된 인식이 있고, 이 위에 사람마다 제각각인 것을 인정하는 편이 좋지."

"그렇군요. 아이 선배를 적으로 말한 것은 그런 생각의 차이가 있었기 때문이네요."

"그것뿐만이 아니야. 생각이 다르기 때문이라고 해서 상대방을 적으로 단정 지을 생각은 없어. 내가 아이를 용서할 수 없는 이유는 걔가 우리 학교 학생들에게서 생각하는 능력을 빼앗고 조종하려고 하기 때문이야."

"아이 선배가 그런 짓을 해요?"

린 선배는 비장한 표정으로 고개를 끄덕였다.

"우리 학교 뒷면에서 벌어지고 있는 일이 있어. 지금 아이가 이끄는 학생회에서 다른 학생들 모르게 학생들의 **우민화**를 추진하고 있어. 자기 마음대로 교칙을 만드는 것도 그 때문이야. 나는 그런 독재적인 행동은 용서할 수가 없어."

설마 또 선배가 이상해지는 것은 아닌지 불안했다. 그러면서도 아이 선배의 이해할 수 없는 행동을 생각하면 린 선배의 착각만은 아닌 것 같았다. 우민화라니, 대체 어떻게 진행한다는 것일까.

"거기에 상대주의를 이용하는 거야. 사람들은 모두 제각각이고 다양하다는 생각을 심어서 가치관을 다양하게 만드는 거지. 결과적으로 '공공의 선'을 흐지부지하게 만드는 거야."

그런가. 만일 사실이라면 아이 선배는 린 선배를 눈엣가시로 볼 것이다. 철학을 알게 되면 나 같은 학생이 상대주의에 의문을 갖고서 누구에게나 올바른 것을 추구하기 시작한다면 우민화 작업에 방해가 된다.

분명 린 선배는 고대 그리스의 소크라테스처럼 위험한 입장에 처해 있다. 나는 침을 꿀꺽 삼켰다.

"아이 선배는 구체적으로 어떤 방법을 사용해요?"

"좀비야."

"네?"

"좀비라고."

"좀비? 영화에 나오는 그거요?"

"좀 달라. 나는 그것들을 '철학 좀비'라고 부르지. 영혼을 뺏겨서 얼빠진 것처럼 사는 인간들을 말하는 거야. 조금 더 이야기하자면 '철학적 좀비'라고 하는 제대로 된 철학적 사고 실험도 있긴 하지만, 어쨌든! 나는 영혼을 빼앗긴 인간을 보면 좀비임을 직관적으로 알 수 있어. 그리고 아이는 좀비를 양산하고 있는 거야."

지, 진심으로 이런 말들을 하는 걸까? 린 선배.

"그런데요……. 정말 영혼이란 게 빼앗길 수 있는 거예요?"

"응. 인간의 육체 속에 영혼이 들어가 있기 때문이야. 소크라테스는 이 사실을 알고 있어서 죽어도 영혼은 없어지지 않기 때문에 살아가는 동안 영혼을 갈고 닦아야 한다고 말했어."

"그, 그건 초자연, 초현실주의. 오컬트네요!? 정말 소크라테스가 그런 말을 했어요?"

"물론이지! 너는 아직 소크라테스를 모르는 것 같구나."


## 몸이 죽은 뒤에도 영혼은 존재할까?

"소크라테스가 사형당할 때의 상황이 플라톤의 대화편인 《파이돈》에 쓰여 있어. 사형 선고를 받은 소크라테스는 독배를 마셔야만 했지. 그리고 소크라테스는 살아 있으면 육체로 인해 생각의 초점이 흐려지기 때문에 죽는 편이 오히려 더 잘 생각할 수 있다고 생각했지."

"죽으면 생각할 수 없어요."

"아니야. 죽으면 영혼이 자유로워지기 때문에 생각할 수 있어. 반대로 몸이 있으면 말 그대로 잡생각들로 인해 진정한 생각을 할 수 없어."

"하지만 뇌가 있기 때문에 생각할 수 있죠."

"그렇게 생각하는 것도 무리는 아니지. 다만 뇌로만 생각한다고 하면 설명할 수 없는 것들이 많아. 예를 들어서 닭튀김이 맛있다고 느끼는 뇌 속 화학반응을 볼 때의 느낌과 자기가 직접 먹으면서 맛있다고 느끼는 느낌은 달라."

"왜 그래요?"

"네가 닭튀김을 먹을 때의 뇌 속을 스캔해서 지금 뇌 속 어느 부분이 맛있다고 느낀다는 설명을 듣는 동시에 네가 직접 먹으며 맛있다고 느낀다고 해도 이 두 느낌은 하나로 연결되지 않아서야."

뇌에 마음을 설명한다는 말은 외부에서 움직임을 설명한다는 말이다. 그런데 이것은 **내부에서의 체험**과는 다른 것이기 때문에 뇌와 마음은 연결되지 않는다. 린 선배는 이런 원리를 설명해 주었다. 솔직히 내가 선배의 말을 이해한 것인지 이해 못한 것인지 모르겠다.

"정말 아주 조금…… 알 것 같기도 해요."

"현대에는 이렇게 맛있다고 하는 감각질을 **퀄리아**(qualia)* 라고 말해. 이 퀄리아를 어떻게든 뇌 과학에서 설명하려고 하고 있지. 물론 연구야 그 나름대로 연구하면 된다고 생각해. 하지만 내면에서부터 철학으로 접근할 때는 뇌에서 마음이 생겨난다는 상식에서 일단 벗어나야 해. 《파이돈》에는 소크라테스가 제자들과의 대화 중 **영혼 불멸**을 설명할 때 죽음을 맞이하는 설정으로 쓰여 있어. 너도 한번 읽어 봐."

## 내부에서 파악하는 철학의 방법

《파이돈》은 숙제로 읽어야 할 책인가. 나중에 읽어 보면 되겠다는 생각도 들지만 과연 내가 이해할 수 있는 책일지 모르겠다. 린 선배가 설명한 내용 중에는 내가 이해할 수 없는 부분도 있는데 말이다.

"영혼 불멸이라는 말, 역시 이해 못하겠어요. 게다가 살아 있을 때 죽은 뒤를 이야기하는 것은 아무래도 의미 없는 생각이 아닐까 싶어요."

---

* 퀄리아: 어떤 것을 느끼는 기분, 떠오르는 심상에 대한 말로 표현하기 어려운 특질을 가리킨다. 주관적이며 객관적인 관찰이 어렵다.

"네가 그렇게 생각하는 것도 이해가 돼. 하지만 의미 있는 인생을 살기 위해서라도 살아 있는 동안 영혼이나 죽음에 대해서 여러 방면으로 생각해야 할 필요가 있어."

린 선배를 만나기 전에는 영혼의 존재 같은 것은 생각해 본 적도 없다. 사실 나는 그녀와 문답하는 동안 아름답다, 맛있다, 아프다 등 실제로 느끼는 모든 감정을 모두 뇌에서 작용하는 화학 반응으로만 설명하기란 충분치 않다고 생각하기 시작했다.

내가 에리를 좋아했던 이유가 단순히 뇌에서 일어난 전기 반응이었다고 설명한다면 정말 실망스러운 일이다. 역시 인간에게는 영혼과 같이 이해할 수 없는 부분이 남아 있다고 해도 좋을지 모른다. 적어도 낭만이 있으니까 말이다.

"영혼 불멸은 자기 내면에서 전해지는 거니까 마음을 잘 들여다 봐."

"제 마음속이요?"

"현대인은 모든 것을 물질로 설명하려고 하지. 그리곤 더 이상 생각할 필요 없다고 정해 놓고 조금도 생각하려고 들지 않아. 과학적인 지식으로 인간에 대한 모든 것을 설명하려고 하니까  맞지 않는 부분이 생기는 게 아닐까? 뇌 과학이 진행되는 것은 바람직하지만, 그 뇌에 관해 생각하고 있는 것은 마음이야."

뇌도 생각하기 전에 우선적으로 마음이 필요하구나. 하지만 그 마음은 뇌 속에 있는 거 아닌가? 아니다, 아니야. 마음은 무엇보다도 앞서 직접적으로 내면에서 느낄 수 있지만, 뇌는 외부에서 관찰하는 것이니까 마음이 우선이야. 정말 그런가? 너무 혼란스럽다.

"으응. 아무튼 과학은 외부에서 접근하는 거지만, 철학은 내부에서 접근하는 것이군요."

내가 이렇게 말하자 린 선배의 공격적인 표정이 거짓말처럼 풀어지더니 기특하다는 듯이 웃으며 말했다.

"청년! 드디어 알아들었구나! 철학이란 이렇게 자기 내부에 있는 세상의 존재를 자신의 머리를 사용해서 생각하는 학문이야. 철학은 누구든지 할 수 있어. 언제 어디서든지. 맨발로도 할 수 있지. 너는 드디어 이 시작점에 서 있는 거야. 과학에서는 파악할 수 없는 것을 네 내면에서 찾아봐. 참고로, 마음과 뇌에 관한 문제는 옛날부터 그리스의 많은 철학자들과 과학자들이 도전해 온 어려운 문제니까 너도 관심이 있다면 아주 열렬히 생각해 보라고."

어떻게 해서든 내 마음에 떠오르는 의문들을 생각해 나가려면 앞으로 공부를 많이 해야 할 것 같다. 그런데 이상하게도 마음은 점점 편해진다.

## 사상의 종착지 - 회의주의

"상대주의는 '사람마다 제각각'이라고 생각하니까 어떤 의견이 나와도 반대 주장이 생기는 거죠?"

"응."

"모두들 제각각의 의견을 말한다면 결국에는 의견을 하나로 정리할 수 없는 거네요?"

"그렇지. 현대인이 자연스럽다고 철석같이 믿는 상대주의의 애매함은 사람과 사람을 멀어지게 하는 이유기도 해. 요즘은 아주 당연히 지켜야 할 공공장소 예절도 지키지 않는 사람들이 많잖아."

"예절이요?"

"응. 예를 들면, 지하철에서 큰소리로 말을 한다든지, 화장을 한다든지 말이야. 이러한 행동은 나는 나라는 생각을 갖고 있기 때문이야. 상대주의는 사람마다의 제각각 다른 의견을 존중하는 방향으로 흘러가. '나는 나'라고 하는 생각의 방향으로 쏠리면 사회를 혼란스럽게 만드는 민폐 남녀가 여기저기 생겨나게 돼. 이런 일이 고대 그리스에서도 일어나서 고대 그리스에서 **윤리가 붕괴**되었다고 해."

"고대 그리스에서도 지금과 같은 상황이 벌어졌다는 말씀이시죠?"

"응. 아주 똑같아. 그러니까 그리스 철학으로 지금 현대를 다시 한 번 바로잡아야 해."

"그러면 상대주의를 없애겠다는 말씀이세요?"

"상대주의가 전부 나쁘다는 말은 아니야. 더 좋은 방향으로 흘러가길 바라는 거지. 그렇게 되면 상대방의 입장을 존중한다는 사상이 돼. 현대에는 서로의 문화를 존중한다는 '문화상대주의'라는 말도 있잖아. 위험한 것은 **회의주의**야. '나는 나고, 너는 너'라며 사람들이 각자 자기 상자에서 문을 닫고 나오지 않는 세상. 이것을 조금 더 깊이 생각해 보면 다른 사람과의 공통된 부분이 없어졌다는 말이 돼."

"모두가 제각각이어서 서로의 공통점이 없어진다고요……. 옆 사람이 먹고 있는 달콤한 닭튀김 맛과 제가 먹고 있는 달콤한 닭튀김 맛이 다르다. 뭐, 이런 예로 생각하면 맞을까요?"

모두 제각각 다른 감각이나 가치관에 갇히면 같은 세상을 살면서도 다른 세상에 있는 것처럼 된다. 이런 사람들도 있을지 모르겠다. 겉으로 봐서는 모르겠지만.

"응. 맞아. 처음부터 달랐던 것인지는 물론, 현재 같은지 다른지도 아예 모르게 되는 거야. 마음과 마음 사이에 생긴 장벽으로 인해서 소통할 수 없게 된 거지. 그러니까 도망쳐서는 안 돼."

어디에선가 들어 본 말인데…….

"사람과 사람이 소통하기 위해서는 사람마다 제각각의 가치관 속에 공통된 것이 있어야 해. 이것이 아름답다, 이것이 선이다, 하는 식으로 말이야. 모든 사람은 제각각 다양하지만 반면에 모든 사람들에게는 공통되는 무언가가 있어. 그 공통되는 무언가에 모든 사람들이 녹아들어 하나가 되어 마음을 나눌 필요가 있어. 이것이 인류 보완…….."

"잠, 잠깐만요, 선배! 이야기가 현실인지 가상 이야기인지 잘 모르겠어요."

"아. 미안. 그만 내가 너무 몰입했나 봐."


## 그리고 플라톤으로

어느새 교실 창문에 붉고 노란 빛이 들어오기 시작했다. 배경음악처럼 멀리서 들려오는 연주부의 연주 소리도 들려오지 않았다. 린 선배는 창문으로 들어오는 빛을 등지고 내 앞에 섰다.

"너는 내 동생들을 만나라."

"동생들이 있으세요?"

"응. 우선 기리시마 마리를 만나. 너하고 같은 학년이야."

"저하고 같아요?"

뭐야. 자매들 모두가 철학하는 거야?

"나하고는 방법이 좀 달라."

린 선배는 내 마음에 떠오르는 의문을 먼저 알고 답해 주었다. 정말 이 선배가 내 마음을 읽어 내는 것을 보면 감탄이 절로 나온다.

그런데 문답하지 않는다는 말인즉슨 아주 친절하게 철학을 설명해 준다는 말일까? 야호! 그렇다면 정말 좋겠다.

"마리는 소크라테스의 제자인 **플라톤**의 화신이야. 나와 문답한 아름다움에 대한 이야기, 기억나니? 그 뒤에 아름다움 그 자체가 있다는 것을 알았잖아. 마리는 그 '아름다움의 본질'을 더 강력하게 만든 **이데아**에 대해서 가르쳐 줄 거야."

이데아라. 아이디어하고는 다른 건가?

"그건 그렇고요. 선배, 질문해도 되나요?"

"오! 뭔데?"

"왜 선배는 그렇게 철학을 열심히 말하고 다녀요?"

"그건 말이야. 사명이기 때문이야."

"사명이요?"

"너는 내가 아까 말했던 철학 좀비, 아직 믿지 못하지?"

역시 농담이 아니었나?

"영혼을 빼앗겼다는 좀비요?"

"그래. 우리들 주변을 돌아다니고 있어."

"어디에요?"

"여기에서도 볼 수 있어."

린 선배는 교실 창문 밖을 바라보았다. 선배 말에 이끌려 나도 창문 쪽으로 다가가 잘 살펴보았다. 내 눈에 보인 풍경은 노을이 질 무렵 집으로 돌아가는 우리 학교 학생들의 모습이었다. 선배가 무슨 말을 하는 것인지 몰라서 멍하게 창문 밖을 바라보던 나에게 선배가 작은 목소리로 속삭였다.

"저기 쟤네들 말이야. 모두 좀비야. 우리 학교 대부분 학생은 철학 좀비야."

"왜 이러세요, 선배!"

이제 겨우 선배를 믿을 수 있게 되었는데 또 이상한 말을 하기 시작했다. 역시 이 선배 정신병자였던 걸까?

"겉으로 봐서는 모두들 평범해 보이니까 모르는 것뿐이야."

에리나 유토도 좀비일지 모른다. 영혼이 이미 빠진 상태. 에이, 설마다.

나는 창문에 얼굴이 닿을 만큼 가까이 가져가 집으로 돌아가는 아이들을 뚫어져라 쳐다보았다. 아무리 보아도 방과 후 풍경이었다. 정말 좀비일까. 선배의 말은 너무 황당무계하다. 내 친구들조차 좀비라는 사실을 믿고 싶지 않았다. 다시 우리 학교 학생들의 뒷모습을 창문으로 보며 말했다.

"선배, 그 말 농담이지요?"

린 선배에게 아니길 바라는 내 진심을 담아 이야기했는데 선배는 답이 없었다. 뒤를 돌아보니 이미 선배의 모습은 사라지고 없었다.

"뭐야. 나만 두고 가다니. 쳇."

철학 좀비라는 이상한 말만 내 머릿속을 맴맴 돌았다. 폭풍이 몰아치는 것 같았던 오늘 하루가 지고 있었다.

음모……, 좀비……, 영혼…….

린 선배와 대화를 나눈 순간순간의 시간들이 정말 현실이었는지 꿈속에서 벌어진 일이었는지 헷갈린다. 나도 열심히 생각하며 말했기 때문에 후회하는 말은 없지만, 다른 사람에게는 오늘 일을 말하지 않는 편이 나은 것 같다.

그런데 린 선배의 동생, 나와 같은 학년이라는 기리시마 마리는 어떤 아이일까?

너무 많은 의문들이 머리를 들려고 하지만, 나는 철학이라는 이상한 세계를 접하고 나서 스스로 조금씩 변해 가고 있음을 느끼기 시작했다.

"진리를 추구하고 앎을 계속 사랑하는 것이 철학이다."

---

**소크라테스Socrates (B.C. 469~B.C. 399)**

고대 그리스 아테네 철학자다. 윤리학의 아버지라고 불린다. 로고스(언어)의 세상에 객관적 진리를 보려고 했다. 국가로부터 사형 선고를 받고 스스로 독배를 마시고 옥중에서 숨졌다. 남긴 저작물은 없다.

---

'무지(無知)의 지(知)'야말로 철학의 출발점이며, 그저 사는 것이 아니라 잘 사는 것이 중요하다고 생각했다.

소피스트의 상대주의를 비판하고, 아테네 시민의 윤리 재건을 목표로 객관적(보편적) 진리를 추구했다. 상대방과 대화를 반복함으로써 알고 있을 것 같은 지식은 애매한 것이며, 사실 아무것도 모르고 있다는 것을 알도록 하는 문답법(산파술)을 실행했다.

올바른 지식은 올바른 행동으로 이어진다(지행합일知行合一)고 주장했다.

《소크라테스의 변론》

    기원전 399년 부당하게 피소된 소크라테스의 법정 변론으로, 제자인 플라톤이 지었다. 소크라테스는 사람들은 아무것도 모르면서 알고 있다고 생각하는데, 그 자신도 모른다는 점에서 다른 사람들과 같으나 자신은 모른다는 사실을 알고 있다는 점에서 그만큼 다른 사람에 비해 얼마간은 지자(知者)일 것이라고 말했다. 소크라테스는 사람들의 무지를 깨우치는 일이 신의 뜻을 좇는 것이라고 생각하여 대화를 통해서 사람을 깨우쳐 주려 했다.

    이 때문에 소크라테스는 법정에 서게 되었다. 당시 소크라테스는 도주할 수 있었으나, 끝내 자신을 굽히지 않고 사형을 받아들였다.

    《소크라테스의 변론》은 위대한 철학자인 소크라테스를 만날 수 있는 책이며, 그의 제자인 플라톤이 심혈을 기울인 최고의 서양 철학 고전이다.

episode

2

# 이데아를 사랑하라!

플라톤,
불변의 진리 그리고 다른 차원으로의 사랑

## 플라톤과의 만남

린 선배에게 소크라테스의 지식을 전수받고 철학 문답에 겨우겨우 합격했다고 생각이 든 나는 선배의 동생인 마리를 만나게 되었다. 그 만남은 린 선배에게 철학 좀비의 이야기를 들은 지, 열흘 정도 지난 뒤에 이루어졌다.

마리는 체육을 중시했던 고대 그리스의 정신을 확실히 이어받은 여자아이 같았다. 체육계열 부서 학생 활동이라면 거의 빠짐없이 참가하고 있었다. 육상부, 테니스부, 농구부, 배구부, 수영부, 승마부에 매일같이 얼굴을 내밀고 운동을 하면서도 다른 부서 활동에도 시간을 쪼개서 참가하는 엄청난 에너지를 가진 여학생이었다.

마리는 자기를 플라톤의 화신이라고 생각하는 것 같았다. 플라톤은 소크라테스의 제자다. 원래 정치가가 되려고 했으나 소크라테스가 사형을 당한 일에 큰 충격을 받아서 철학자로 진로를 바꾼 인물이다. 이것뿐만이 아니라 대단한 결단력을 가진 사람이었다고 전해진다.

린 선배의 말에 따르면 플라톤은 레슬링을 아주 잘했다고 한다. 원래 본명이 아리스토클레스였는데, 레슬링 선생님이 플라톤에게 체격이 좋으니까 어깨 넓다는 의미인 플라톤이라고 별명을 붙여 주었다고 한다. 또한 선배는 철학자 화이트헤드가 서양 철학의 역사란 플라톤의 방대한 주석이라고 말했다고 했다. 즉, 플라톤의 철학 안에 그 뒤를 잇는 모든 서양 철학이 나왔다는 말이다. 플라톤은 선생님이라고 한다면 선생님이었고, 제자라고 한다면 제자였다. 알면 알수록 2,500년 전에 너무나도 훌륭한 사람들이 많았던 것 같다.

린 선배는 이메일로 마리의 부서 활동 시간을 알려 주었다. 마리의 일주일 시간표에는 월요일에 승마부, 화요일에 수영부, 수요일에 육상부 등 일주일 체육 활동이 빽빽이 적혀 있었다.

오늘은 화요일이니까 수영장에 있겠다 싶었다. 처음 만나는 곳이 수영장이라니 왠지 더 어색할 것 같다는 생각이 들었다.

페리파토스를 지나 거대한 실내 수영장으로 향했다. 아무리 생각해도 우리 학교는 정말 넓다. 우리 학교는 소위 일반 학교들에 비해서 상당히 거대하고 호화롭다. 학교 중심에는 지상 55층의 타워인 아크로폴리스 타워가 우뚝 솟아 있다. 그 타워를 중심으로 모든 방향을 향해 많은 통로들, 즉 페리파토스가 연결되어 있다. 페리파토스의 끝에는 각 교실과 체육관, 수영장과 도서관, 식물원, 그리고 믿을 수 없게도 놀이공원까지 있다.

**최대다수의 최대행복**이 우리 학교의 교훈이다. 그러니까 학교 건물 자체에 이 교훈을 실행한 것이다. 물론 학생들은 학생들을 위해 지어진 공간들과 시설들에 대해 매우 만족해하고 있다. 수업이 끝난 뒤에도 자기가 원하는 만큼 시설과 공간을 이용할 수 있다는 점이 최고의 장점이다. 수영장도 학생들이 잘 이용하는 곳 중 하나다.

수영장 안으로 들어가니 두 개의 풀장이 있고, 수영복을 입은 아이들이 돌아다녔다. 난 교복을 입은 채로 머뭇거리며 마리를 찾았다. 25미터 수영장에서는 수영 경기를 하고 있는 듯했다. 수영부 아이들이 물을 엄청 튀기면서 옆 레인과 엎치락뒤치락, 다들 있는 힘껏 수영을 하고 있었다. 아무래도 마리로 보이는 아이가 없어서 옆에 있는 다른 풀장으로 눈을 돌렸다. 여기는 레인이 없어서 모두들 편하게 떠서 누워 있거나 조용히 수영을 하고 있었다. 물놀이하기 좋아 보였다. 이때, 물속에서 수영장 사다리를 잡고 올라오는 여자아이가 보였다. 예쁘게 생겼다는 생각을 하다가 그 아이와 눈이 마주쳤다.

"저기. 너 혹시 린 언니 제자니?"

린 선배는 나를 뭐라고 설명했는지 그 여자아이가 먼저 나에게 말을 걸었다.

얘가 마리구나.

"반가워. 그동안 린 선배한테 정말 많이 배웠어."

"응. 반갑다. 난 기리시마 마리야. 린 언니한테 추궁 많이 받았지?"

이렇게 이야기하면서 마리는 물에서 나왔다. 그리고 마리는 수영장 한쪽에 잘 정리된 선베드로 걸어갔다. 나는 마리의 뒤를 따라가며 말했다.

"추궁을 받았다고 해야 할지, 그냥 일방적으로 맞았다고 해야 할지 모르겠네."

이 말을 하며 목을 살살 만져 주었는데, 다 나은 줄 알았던 목이 이상하게도 유달리 뻐근했다.

"린 언니는 철학을 모욕하면 화를 내거든. 하하하."

마리는 손으로 입을 가리며 시원하게 웃었다. 린 선배와 달리 마음을 편하게 해주는 여자아이였다. 그래서인지 갑자기 문답을 하고 싶은 마음이 생겼다. 아니, 오늘은 문답이 아닌가?

이런 생각을 하는데, 마리가 뒤를 돌아보며 물었다.

"어디까지 공부했어? **자연철학**은 아는 거야?"

나는 고개를 갸우뚱했다.

아, 참. 안타깝다. 이렇게 귀여운 여자아이인 줄 알았으면 철학 공부를 좀 더 하고 올걸. 마리 앞에서 멋있어 보일 기회인데 너무 후회되네.

안타깝다는 생각에 사로잡힌 순간 갑자기 눈이 핑핑 돌기 시작했다. 몸이 가벼워지며 중력에서 벗어난 느낌이 들었다. 아니 세상에, 내가 지금 날고 있는 거야?

웅장한 물소리와 함께 수영장을 덮을 만큼의 물보라가 쳤다. 아니 정확히 말하자면 내가 물보라를 만든 것이다. 내가 물에 빠져서 허우적대는데 마리는 밖에서 배를 잡고 웃고 있었다. 내가 감지하지도 못할 만큼의 빠른 속도로 나를 사뿐히 들어 아이들이 놀고 있는 물속으로 던져 버리다니!

마리가 나를 보며 말했다.

"'만물의 근원은 물이다.'라는 말은……."

나를 던져 놓고 미안하다는 한 마디 사과도 없이 자기 말만 늘어놓다니. 얘도 역시 린 선배처럼 정신적으로 문제가 있는 아이잖아! 아까 이상하게 목이 갑자기 아팠던 이유가 이것 때문이었나? 아, 이번에도 눈치를 못 챘네.

살려 달라고 허우적대다가 다른 친구의 도움으로 겨우 물속을 나오자 마리는 나에게 수건을 건네 주었다. 입으로 코로 물이 다 들어가 여기저기로 물이 줄줄 흐르고, 물에 젖어 축축 늘어지는 교복 때문에 그야말로 몸은 천근만근이었다.

"철학은 놀라는 것에서 시작하는 거야. 내가 널 제대로 놀라게 해준 거지?"

사람을 편하게 해주는 아이인 줄 알았는데, 알고 보니 정말 황당한 아이다.

아무 일도 없었다는 듯 마리는 선베드에 앉았다. 마치 물놀이라도 하러 온 것처럼 신 나 보였다. 나는 물이 뚝뚝 떨어지는 채로 따라가 옆 선베드에 걸터앉았다.


## 하나로 모든 것을 설명한다

"그럼, 자연철학부터 시작할까?"

방금 사람을 물속에 던졌던 사람이라고는 생각이 들지 않을 정도로 마리는 차분하게 말했다. 나도 그 분위기에 휩싸여 좀 전에 생사를 오갔던 상황은 모조리 잊어버렸다. 나도 못 말린다.

"너는 플라톤에 대해 이야기하려고 했던 거 아니었니?"

"자연철학이 플라톤과 이어져. 미리 알아두어야 할 지식을 먼저 쌓아야 해."

그렇구나. 그러면 자연철학은 뭐지? 자연이라고 부르는 걸 보니 바다라든지 산에 대한 생각을 하는 철학인가?

"지금은 철학에도 여러 종류가 있어. 자연철학은 인생을 사는 방식이나 교훈 같은 걸 생각하는 유형과 조금 달라."

"응? 그런 유형과 다른 철학도 있어?"

"응. 요즘 시대로 예를 들어보자면……, '이과'라고 하면 좋겠지."

"이과?"

"그래. 자연철학은 철학의 시작으로, 이 세상의 **근원**에 대한 생각이야. 이것을 **아르케**라고 말해."

근원, 아르케라. 새로운 말이 나왔네.

"신화에 의존하지 않고 세계가 무엇에 의해 이루어졌는지를 생각하는 거야. 원자라든지 에너지라든지 말이야. 그래서 이과라는 거지. 최초의 철학은 지금으로 말하자면 물리학의 프로토타입(원형)이라고 하면 좋을 것 같아."

마리는 내가 이해했는지 확인하기 위해서 나에게 시선을 옮겼다. 내가 고개를 끄덕이자 다시 말을 이어나갔다.

"그런데 물리학과 같이 물질의 구성을 생각할 뿐만이 아니야. **철학의 아버지**라고 불리는 **탈레스**는 만물의 근원은 물이라고 설명했어. 무엇이든지 물로 이루어졌다는 거지."

그래서 마리가 아까 그렇게 말했구나.

"현대 시점에서 보면 조금 이상하지. 하지만 하나로 세상의 모든 것을 설명하려고 했던 인류의 첫 시도가 굉장하지 않니?"

난 굉장하다고 생각하며 대답했다.

"진짜 흥미롭다. 린 선배가 말했던 철학자와는 조금 다르지만 정말 대단하네."

"린 언니가 말하는 것은 철학 중에서도 **윤리학**이라는 분야야. 소크라테스는 '윤리학의 아버지'라고도 불리지. 자연철학은 그 이전에 철학이 생길 때쯤의 이야기야. 철학사에서는 소크라테스보다 이전의 철학을 **소크라테스 이전 철학**, 소크라테스 이후의 철학을 **소크라테스 이후 철학**으로 나눠."

소크라테스로 나누는 거잖아? 왜 이렇게 간단히 나누는 거지? 그만큼 소크라테스의 영향이 컸다는 말인가?

"소크라테스 이전 자연철학자들은 만물의 근원인 아르케에 대해 생각했지만, 이에 비해 소크라테스 이후 철학자들은 아르케도 포함한 자연학, 생물학, 인간의 윤리적인 학문, 정치학, 논리학 등에 대해서 생각했어."

"모든 것이 다 포함된 것 같네."

"응. 반대로 말하자면 철학이 없었다면 지금 학문은 거의 없었을 거야."

우와. 그렇구나. 철학의 세계는 정말 넓구나.

## 모든 것은 변화한다

나는 내 생각을 정리한 뒤 말했다.

"소크라테스가 철학을 많이 바꾼 거구나."

마리는 수건을 어깨에 걸치며 말했다.

"그렇지. 그런데 모든 것이 바뀐 것만은 아니야. 그리스에서는 자연철학자들 이후에 소피스트가 나와서 **자연**과 **법**을 나눴어. 그리고 자연은 인간이 만든 것이 아니기 때문에 변하지 않지만, 법은 인간이 마음대로 만든 규칙이기 때문에 조절할 수 있다고 하는 상대주의를 주장한 거야. 소크라테스는 그 사람들에게 법에도 아르케와 같이 **모두에게 공통되는 것**이 있다고 반론했지."

"아, 얘기가 그렇게 됐구나."

소크라테스도 그 이전 철학의 흐름을 계승한 것이었다. 자연철학을 더 알게 됨으로써 린 선배의 말을 조금은 이해할 수 있을 것 같다는 생각이 들었다.

"그러면 이야기를 더 진행시켜 볼게. 자연철학자인 **헤라클레이토스**는 '같은 강물 속에는 두 번 들어 갈 수 없다'고 말했어. 조금 더 자세히 설명하자면, 물이 흘러가고 있으면 같은 물에 들어가려고 해도 두 번 들어 갈 수 없다는 말이야. 1초 전에 흐른 물은 이미 지나가서 지금 흐르는 물과는 벌써 달라진 거지. 모든 것은 계속 변한다는 것을 의미해."

모든 것은 계속 변한다. 지구도 변하고, 아니 우주도 계속 변한다. 강물이 흐르는 것처럼 변화 속에서 사람들은 매일 반복되는 삶을 살고, 시간이 되면 죽음을 맞이한다. 지금은 자신이 영원히 살 것 같이 착각하며 살고 있지만, 20년 뒤, 아니 50년 뒤의 미래는 확실히 온다. 1초도 멈추지 않고서. 이 순간에도 모든 것은 변해 가고 있다. 이러한 생각들이 자연철학? 마리가 한 말을 곰곰이 생각하고 있는데 순간 이상한 기분이 들었다.

만나고 나서 처음으로 심각하게 생각하는 나를 보고 마리가 웃었다.

"하하하. 너, 정말 심각해 보이네. 좀 전에 내가 말했던 것과 반대로, 변화하지 않는 것이 있다고 말한 사람도 있어. '피타고라스의 정리'로 유명한 **피타고라스**는 '만물은 수'라고 생각했어. 수라면 누구에게나 공통된 거잖아. 그러니까 변화하지 않는 거지."

진지한 표정으로 마리를 보자 마리는 나를 보며 말을 이어 나갔다.

"여기에 문제가 있었어. **변화하는 세계**와 **변화하지 않는 세계**를 양립시키는 세계관이 필요해진 거야. 자연철학은 이 변화하는 세계 속에서 변화하지 않는 무엇인가를 찾았어. 물론 플라톤도 마찬가지야."

매일은 변화의 연속이다. 하지만 모든 것이 변할 리는 없다. 변하지 않는 무엇인가가 있다고 생각했던 그들의 마음이 이해가 됐다.

"헤라클레이토스가 이야기했던 예에서 물은 흐르지만 강물 그 자체는 있는 거잖아? 스포츠 팀으로 말하면 멤버는 바뀌어도 팀 자체는 계속되는 것처럼 이해하면 돼. 이런 식으로 바뀌지 않는 바탕 위에서 변화한다고 생각했던 거야."

"자연철학 이야기가 플라톤으로 이어진다고 했던 것은 이런 의미에서야?"

"응. 플라톤은 변화하는 세계와 변화하지 않는 세계를 현실 세계와 가상 세계가 같이 양립하는 것으로 생각했어. 혹시 너 〈매트릭스〉라고 하는 영화 봤니?"

"어. 예전에 봤지. 공상 과학 영화잖아."

"후훗. 너 영화 보면서 실감 났었니?"

"왜? 있을 수 없는 일인데 실감 나면 뭐해?"

황당해 하는 내 얼굴을 마리는 유심히 들여다보았다.

"그래. 그럴 수도 있지. 우리 미토스 랜드 갈까?"

미토스 랜드는 우리 학교 안에 있는 놀이공원이다. 2년이나 학교를 다녔지만, 사실 아직 한 번도 가 본 적이 없다. 정확히 말하자면 안 간 거다. 아마도 놀이공원에 가는 아이들은 모두들 끼리끼리여서 남자 혼자 가면 모두들 이상한 눈으로, 아니 불쌍하다는 눈으로 쳐다볼 것이 분명하기 때문이다. 안 갔으면 안 갔지 불쌍해 보이기는 싫었다. 이런 나에게 마리는 미토스 랜드에 가자고 권했다.

"호…… 혹시, 말이야. 지금 나한테 데이트……!?"

"플라톤 이야기를 한 거야."

"그, 그렇지?"

그럼 그렇지. 나도 뭐, 그럴 거라고 생각했지. 그래도 창피하기는 엄청 창피하네. 순식간에 내 얼굴이 후끈 달아올랐다.


## 육체는 영혼의 감옥?

5일이 지났다. 마리와 나는 학교 안에 있는 놀이공원인 미토스 랜드에 갔다. 나는 평일에도 시간이 있었지만, 마리는 평일에는 수업 끝나면 바로 체육부서 활동으로 시간을 낼 수 없을 만큼 바빴다. 갈 수 있는 날은 오로지 일요일뿐이었다. 덕분에 며칠간 어느 정도 플라톤에 대해서 공부를 할 수 있었다.

아무튼 플라톤도 소크라테스와 마찬가지로 영혼 불멸을 철학으로 증명하려고 했던 것 같다. 영혼을 논리적으로 증명하려고 한 것은 과학적인 것 같으면서도 비과학적인 것 같다.

**육체는 영혼의 감옥**이라는 고대 그리스 인들의 생각은 아무리 생각해도 잘 이해가 되지 않는다. 살아 있을 때는 영혼이 육체에 갇혀 전혀 자유롭지 못하다가 죽은 뒤 몸에서 탈출하면 해방된다고 생각하다니.

음, 종교 때문인가, 하고 결론지으려 했다. 하지만 실제 역사는 이 흐름과 반대다. 서양에서 발생한 종교의 기원은 고대 그리스 사상에 있기 때문이다. 물론 기독교라고 예외는 아니다.

그런데 쉽게 다가오지 않는 철학을 이해하기 위해 우리가 왜 꼭 놀이공원에서 놀아야 하는 거지? 마리는 플라톤에 의하면 현실 세계는 **진짜 세계의 그림자**와 같은 것이기 때문에 '가상 현실'이 펼쳐지는 놀이공원에서 노는 것이 가장 이해하기 쉽다고 말했다.

## 이 세계는 그림자에 불과한 것인가?

옷차림에 신경을 좀 썼더니 내가 봐도 내가 다른 사람 같았다. 하지만 모든 것은 변한다니까 내가 이 정도 바뀌어도 괜찮겠지. 이런 생각을 하며 걷는데, 앞에서 이제 왔냐며 사복 차림을 한 마리가 나를 반겼다.

그래! 이것은 분명 데이트다!

가장 먼저 들어 간 곳은 3D 영화관이었다. 들어가는 입구에서 직원에게 3D 안경을 받았다. 나는 신이 나서 마리에게 팝콘과 콜라를 사서 들어가자고 말했다. 마리는 영화에 몰두할 필요가 있으니 다른 곳에 신경 써서는 절대 안 된다고 딱 잘라 말하곤 나에게 이렇게 당부했다.

"영화 세계가 진짜 세계라고 믿어야 해."

역시, 이것은 수업이었다. 데이트가 아니었다. 나는 정신 차리자고 다짐하며 머리를 흔들었다.

영화는 3D 영상에 치중해 있었기 때문에 스토리는 거의 없는 것이나 마찬가지였다. 고양이들과 개들이 나와서 뛰어다니거나 컵이 관객을 향해 날라 오는 장면들이 많아서 영화 화면에 푹 빠지기 좋았다. 그렇지만 물건이 눈으로 날아올 때는 주위의 남녀 아이들이 소리를 꽥꽥 질러 댔기 때문에 시끄럽기도 하고 왠지 부럽다는 생각이 들어서, 마리에게는 미안하지만 영화에 전혀 집중할 수가 없었다.

영화관에서 나오자마자 쉴 틈도 없이 마리는 이야기를 시작했다.

"지금 갖고 있는 느낌 그대로 플라톤의 철학에 대해서 이야기할 거야."

우리는 영화관 앞에 있는 벤치에 나란히 앉았다.

"수영장에서 이야기했던 헤라클레이토스의 말을 생각해 봐."

"모든 것은 변한다는 말?"

"응. 그 말을 **만물유전설**이라고 해."

"만물유전설이라고?"

"만물, 즉 모든 것은 유전한다는 말이야. 여기에서 유전은 네 부모님과 네가 닮았다는 말을 할 때 쓰는 유전(遺傳)이 아니라 끊임없이 변한다는 뜻의 유전(流轉)이야."

"그렇구나."

"'변하는 것 그리고 이에 반해 변하지 않는 바탕이 있다.' 플라톤은 이렇게 말했어. 그리고 이것을 **이데아**라고 이름 붙였어."

"드디어 이데아가 나왔네!"

린 선배가 말했던 이데아다.

"소크라테스가 말한 '진정한 것' 그리고 '누구에게나 올바른 것' 같은 거야. 이것이 이데아야."

문답을 하고 나서, 최종적으로 안 것을 린 선배는 궁극의 답이라고 했었다. 이데아와는 다른 걸까?

"음, 네가 말하는 이데아는 소크라테스가 말한 궁극의 답을 말하는 거야?"

마리는 고개를 저었다.

"더 진화했어. 힘이 더 강해진 거지. 고대 그리스 시대에는 상대주의에 의해서 사회의 윤리가 붕괴됐기 때문에 어떻게 살아야 하는가를 생각하는 철학을 해야 하는 상황이었어. 누구에게나 올바른 것이라는 최종적인 결과만이 정해져 있으니까 그 안에서 각자의 자유를 인정하지 않으면 사회의 규칙이 성립되지 않았지."

분명히 린 선배의 말로는 현대 사회가 고대 그리스와 같은 길을 가고 있다고 했었다. 윤리가 붕괴되었다는 말도 했었고, 현대에도 사람들이 도덕성을 잃었다든지 상식이 없어졌다는 말을 했었다. 린 선배가 이렇게 말했던 이유가 각자 자기 삶의 방식이 이것이라고 하는 기준이 되는 축이 없어졌기 때문이 아닐까라는 생각이 들었다.

"플라톤은 이렇게 생각했어. '소크라테스의 문답에 의해서 진리를 알 수 있다.' 모든 사람들이 제각각이 아니라 대화함으로써 서로의 진리를 알 수 있다. 이 부분을 조금 더 진행시킨 거야. 그 진리는 이 변화하는 세계를 초월한 다른 세계에 **부동의 존재**, 즉 흔들리지 않는 존재'로 있는 것이라고 한 거지."

으응? 다른 세계!?

"진리는 어디에 있다고?"

나는 잘못 들은 척하며 물었다.

"이 세계를 초월한 다른 차원의 세계인 **이데아 세계**에 있다고!"

마리는 아주 또박또박 정확히 말해 주었다. 내가 잘못 들은 것이 아니었다.

그러니까 진리는 다른 세계에 있단 말인가. 이런 말을 표정하나 바꾸지 않고 할 수 있다니. 음모, 좀비, 영혼. 린 선배의 말이 떠오른다. 그래 이 둘은 자매다! 나는 왜 마리가 정상적인 아이라고 생각했던 걸까? 아냐! 그래도 여기서 물러날 수는 없지. 린 선배가 나를 강하게 단련시킨 것인지 전보다는 덜 흔들린다. 그러면, 갈 데까지 가보자!

"저기 말이야. 그런 생각은 조금 이상한 것 같아. 음. 예를 들어서 물건을 훔치면 안 된다는 규칙은 누구나 아는데, 이것을 어느 다른 세계에서 정했다고 하는 말 아니야?"

"그래. 맞아! 이데아 세계에서 정한 거야! 너, 잘 이해했구나!"

아니, 아니. 나, 이해 못했어!

마리는 신이 났는지 싱글벙글 계속 말을 이어나갔다.

"여기에서 자연철학과 이어지는 거야. 피타고라스를 생각해 봐. '2 더하기 3은 5'라는 것은 절대적으로 맞는 거니?"

"응. 그렇지……."

"왜 그런데? 왜, '2 더하기 3이 5'야?"

"으음, 맞으니까 맞는 거지. 정답인데……."

"2 더하기 3은 5." 당연한 걸 왜 물어.

"후훗. 너무 당연하니까 모르겠지?"

당연한 것이 당연한 것 아닌가?

"'2 더하기 3이 5'라는 것은 인간 마음대로 정한 거니? 그러면 수학도 상대주의네?"

으음…….

"그러면 인간이 정하지 않은 것……일지도 모르겠지?"

마리는 웃으며 이야기했다.

"거 봐! 이게 이데아야."

## 이데아론과 상대주의

내 나름대로 정리를 해보았다.

고대 그리스 인은 우선 세계에 공통되는 바탕으로 아르케를 찾았다. 이것은 인간이 정한 것이 아닌 절대적인 것이었다. 사람마다 제각각이라는 해석이 생기지도 않았다.

수 같은 것을 예로 들 수 있다. 이것은 변하지 않는 것이다. 변하지 않는 것에 자연뿐만이 아니라 법, 즉 인간의 가치까지 끌어올려 포함시켰다. 세상을 더 깊이 들여다볼 때 수처럼 인간이 만든 것이 아닌 우주의 규칙이 있다면, 인간의 삶의 방식에도 흔들리지 않는 규칙이 있을지도 모른다.

즉, 지하철에서 화장을 하는 것은 자유라고 생각하는 사람이 있다고 해도, 만일 흔들리지 않는 부동의 규칙으로 지하철에서는 화장을 해서는 안 된다고 한다면 사람들이 제각각 자기 마음대로 하는 행동을 틀렸다고 생각할 것이다.

"이데아라는 기준에 비추어서 살면 모든 사람이 선(善)을 향해 가는 거야. 이데아는 선으로, 영원하고 불멸해."

마리 말에 귀를 기울이다 보니 그만 "왠지 이데아는 어떤 신이나 부처 같아."라고 말이 튀어 나왔다. 내 말을 듣고선 "응." 하고 고개를 끄덕였다. 마리의 묶은 머리가 살짝 흔들렸다.

"그래, 맞아. 그런 분위기로 생각하면 맞아. 이데아론은 기독교에서도 사용하거든."

나는 마리의 말을 물고 늘어졌다.

"이데아가 어딘가에 있다고 쳐. 그렇다면 우리들은 그것을 어떻게 알 수 있는데? 말이 안 되는 것 같아. 지하철에서 어르신께 자리를 양보하라는 규칙이 이데아 세계에서 정해졌다고 해도 우리들은 그 사실을 모르잖아."

"사람들은 자리를 양보라는 것이 선이라고 알고 있기 때문에 양보하는 거야. 그 선이라는 것은 사람들이 가르쳐 주는 것이 아니라 이성의 소리가 마음속에서 울려. 처음부터 있었던 거야. 그러니까 사람마다 제각각 다르게 생각하는 것이 아니라 선이라고 아는 거지. 맛있다든지 빨갛다고 생각하는 것은 모든 사람들이 똑같잖아. 분명히 정해진 것을 이미 알고 있는 거야."

음. 린 선배와 같은 말을 하네.

"그렇다면 그 올바른 지식은 어디에 있는데?"

"이데아 세계지."

"그럼, 이데아 세계는 마음속에 있는 거야?"

"아니야. 마음은 수신기야. 이데아는 이데아 세계라는 방송국에서 전파로 날아오는 거야!"

지금 이상한 전파는 네가 보내고 있다고 말하고 싶었지만,

심각하게 말하는 마리에게 차마 입이 떨어지지 않았다.

"이해가 되니? 내가 말한 대로 생각하면 모든 사람들이 제각 각이 되어도 세상에는 **공통된 가치관**이 주어지게 돼."

"그렇기는 한데……."

"모두들 제각각 다양한 생각을 하지만 모두들 선을 알고 있 어. 그렇다면 나중에 무엇이 선인지 대화를 통해서 꺼내기만 하면 되는 거야. 선과 악이 사람마다 제각각 다르다는 상대주 의와 달리, 이미 선을 갖고 있으니까 이것을 찾을 때까지 끝까 지 파고들면 누구든지 올바른 것, 진정한 것을 알게 된다는 말 이지. 그렇지 않아?"

마리가 초롱초롱한 눈으로 날 바라보았다. 나는 머리를 긁 적였다.


## 현실은 가상이다!?

"아까 이데아 세계에서 전파가 날아온다고 했지?"

"전파라고 하면 되겠지. 정확히 말하자면 보이지 않는 세계 로부터 정보를 내려 받는 거야. '2 더하기 3이 5'라는 것도 자기 가 만든 것이 아니고, 보이지도 않지만 모두들 알고 있잖아."

그렇다. 분명히 수식은 보이지 않는다. 그렇다고 해도 마리

말이 쉽게 믿어지지는 않았다. 이런 이야기를 천진난만하게 하는 마리는 마치 초능력을 갖고 있거나 초월적인 세계에서 온 사람 같다는 생각마저 들었다.

다만, 수식을 인간이 결정했다고 한다면 어딘가 이상해진다는 것은 알겠다. 모두가 제각각으로 말하는 다른 수식들이 있다는 말이니까. 그렇다면 이러한 법칙 그 자체는 인간과 떨어질 수 없으니 인간이 정할 수 없는 영역, 즉 변하지 않는 영역이 있어야만 한다! 그러면 그것이 이데아 세계란 말인가?

"플라톤은 이 현실 세계는 변화하다 소멸하기 때문에 현실을 **가상**이라고 말했던 거야."

마리는 또 이해할 수 없는 말을 하기 시작했다. 내가 정말 끝까지 들어 줄 수 있을지 답답해졌다.

"가상이라니?"

"가상이란 말이야. 아까 영화를 떠올려 봐. 영화 속 세계는 존재하지 않아. 그치? 그런데 3D로 정말 그곳에 존재하는 것처럼 보이지 않았어?"

"그건 그런데……. 그렇다면 지금 여기에 벤치에 앉아 있는 것도 가상이라는 거야?"

"하하하. 당연하잖아."

"장난치지 마."

내가 마리의 팔을 가볍게 툭툭 쳤다.

지금 내 눈이 3D 영화를 보는 것처럼 내 팔이 마리를 친 건가? 이것이 당연하다니.

"인생은 잘 만들어진 3D 영화관이야. 혹시 이 세계가 진짜라고 생각했니?"

아, 아, 아. 말도 안 돼. 나도, 마리도, 벤치도 정말 진짜라고. 진짜라고 생각하는 것이 정상 아냐? 마리 생각이 좀 이상해.

"안 돼. 그러면 타락해. 이 세계는 **현상 세계**라고 하는 복사판이야. 그러니까 변화해서 없어지는 거야. 진짜라면 변화해서 없어지지 않지."

역시, 이 두 자매는 이상한 종교단체에 빠진 것 같다. 결정적으로 이상해. 철학은 내 인생을 도와줄 거라고 생각했는데, 이렇게 되면 난 결국 이상한 종교단체에 들어가 인생 망치겠군.


## 우리는 동굴 속에 있다

나는 포기한 마음으로 물어보았다.

"도대체 왜 생성되고 소멸되는 것은 가짜라는 거야?"

"결국은 없어지는 거잖아. 영원하지 않다는 거지. 없어지는 것은 자기 힘으로 존재할 수 없다는 말이야. 이것은 불완전하고 유한한 거지."

너무 어렵다. 아, 머리가 지끈지끈하네. 마리가 말하는 전파도, 고도의 무엇인가도 이해하기 어렵다. 윤리 수업 시간에 졸지 말고 더 열심히 공부했으면 이해할 수 있었을까?

마리는 계속 말했다.

"으음. 아까 3D 영화관으로 말하면 스크린에 비춰진 것은 거짓이야. 그렇잖아? 그러면 진짜는 뭐지? 재생기 속에 있지! 스크린에 비춰진 것은 그림자고. 진짜는 그 뒤에 있는 거지. 이와 같이 이 세계도 그림자야. 다른 차원에 진짜가 존재하는 거야."

"으음. 그렇구나."

"이것을 플라톤은 《국가》라는 책에서 **동굴의 비유**라고 해. 우리들은 동굴에 앉아 있고, 쇠사슬에 연결되어 있기 때문에 몸을 움직일 수 없는 상태야. 그리고 앞에 있는 벽에는 쭉 환영이 비춰져. 우리들은 그것을 보고 진짜 세계라고 생각하는 거야. 하지만 사실은 동굴에 연결된 우리들 뒤에 놓인 것의 그림자를 보고 있는 거야."

이 세상은 그림자이고 가상이며 가짜다. 즉 인생은 꿈 같은 것이다. 그러면 마지막에는 꿈에서 깨어나는 것일까? 왠지 피식 웃음이 나왔다.

## 이데아와 삶의 의미

그런 말을 들어서 그런지 아까부터 시끄럽게 들리던 소리는 환청인 것처럼 멀어지는 기분이 들었다. 턱을 괴고 바닥을 바라보며 있는 내가 걱정스러웠는지 마리가 고개를 숙여 내 눈을 보고 말했다.

"놀랐구나! 이 세상이 진짜라면 인간이 나이가 들어서 죽으면 그걸로 끝이지? 그러면 무엇을 위해 사나, 이런 생각 들지 않니?"

마리 말에 집중을 하려고 했지만 잘되지 않아서 힘이 빠졌다. "휴." 나도 모르게 한숨이 흘러나왔다.

내 인생은 대체 어떻게 되려나.

"인간은 누구나 잘 살길 바라지. 그러니까 어떤 사람이든지 이데아를 찾는 거야. 이데아는 절대적인 기준이 되기 때문이야."

절대적인 기준이라. 정말 그런 것이 있으면 좋겠다.

"눈앞에 놓인 일에 몰두하다가 어느 날 문득 내가 살아 온 날들을 되돌아보면 눈앞에 있는 일에 관심이 없어지고 힘이 빠질 때가 있잖아. 이런 것들이 내가 무엇을 위해 사는지 말해주는 거지?"

이데아는 모르겠지만 내 진심을 털어놨다.

"그건 인생 전체의 의미를 모르는 거야. 푸흡."

"그럴지도 모르겠네. 학교 가서 공부하고 시험 보고. 나중에 회사에 들어가서 매일 똑같은 생활을 반복하다가 나중에는 죽겠지. 눈앞의 목적은 알고 있지만, 인생 전체의 목적을 모른다고 말하는 편이 맞겠지."

막막한 기분이 들었다. 난 다시 입을 뗐다.

"생각하지 말고 있으면 좋을 텐데 왜 이렇게 내 속에서 자꾸 질문들이 떠오르는지 모르겠어."

"그것은 이데아의 빛이 비치고 있어서야. 넌 이 세상의 수수께끼를 알고 싶지 않니? 왜 내가 이 세상에 있는 건지, 무엇을 해야 하는 건지, 의미는 있는 건지, 이렇게 생각하기 시작했으면 돌아갈 수 없어. 인생의 의미에 대해 한 번 실마리를 알게 되면 거기에서 새로운 세상이 열리기 때문이야. 그러다 또 수수께끼가 나오고 그리고 새로운 실마리도 나오는 거지. 이렇게 하면 점점 세상은 바뀌어 가는 거야!"

마리의 눈이 반짝반짝 빛났다. 어떤 계획을 갖고 이런 생각들을 전파하려는 아이일지도 모르겠지만 적어도 마리는 나보다 인생을 즐겁게 사는 것 같았다. 희망을 갖고 있고, 설레는 마음으로 인생을 살고 있었다. 이것이 조금 억울했다.

"이것을 반복하면 내가 가야 할 종착지가 보이겠지?"

"그것은 문답법과 같은 거야. 적어도 종착지에 조금이라도 가까이 간 너는 알겠지. 종착지는 이데아 그 자체이기 때문에 도착하지 않아도 돼."

정말로 이데아가 있는지는 모르겠지만, 희망을 가질 수 있다면 나쁘지만은 않은 얘기 같다. 만일 내가 조금 더 넓은 시야를 갖게 되고, 이로써 새로운 세상으로 나가는 실마리를 찾아낼 수 있지 않을까. 마리와의 대화를 통해서 이런 생각이 들었던 것만은 진심이었다.


## 우리는 모두 알고 있다

그렇긴 해도 황당하게 들리는, 상식을 벗어난 세계관을 갖고서 자기가 다니는 학교 학생들에게 철학을 주입시키려는 기리시마 자매는 정말 보통이 아니다. 아직 나는 흉내도 못 내겠다.

나는 린 선배와 아이 선배가 논쟁을 벌이던 광경이 떠올랐다. 두 선배 모두 좋은 사람이지만, 굳이 선택을 하자면 난 아이 선배가 정상이라고 생각한다. 상대주의의 생각은 모두들 제각각이라는 것이다. 사람들이 있는 수만큼 진리가 있다는 말에도 난 동의한다.

어, 지금 내가 환각 상태에 빠졌나? 마리 뒤에서 아이 선배가 뛰어가네. 그런데 저 탐정 같은 차림을 한 린 선배가 뒤쫓고 있잖아!

내 현상 세계는 아무래도 파탄 지경에 이르기 시작했나 보다. 마리가 한 말들을 너무 집중해서 듣다 너무 빠져든 것 같다. 아앗. 이거 정말인가? 실제? 진짜 린 선배와 아이 선배? 그런데 다들 왜 여기에 있지?

"아이! 너 거기 서! 도망가지 마!"

"오늘은 너를 상대할 시간이 없어."

많은 아이들을 동행한 아이 선배를 린 선배가 쫓아가고 있는 듯 보였다. 이런 데서 대체 뭘 하는 거지?

두 선배와 많은 학생들이 정신없이 뛰어가며 내 시야에서 사라져 갔다.

"어디선가 린 언니 목소리가 들린 것 같은데 나만 들은 거니?"

마리도 이데아 세계에 빠져 있었는지 나에게 물었다. 그리곤 바로 이야기를 이어갔다.

"참, 그래. 중요한 게 있어. 플라톤의 《메논》이라는 책의 대화편에 쓰여 있는 이야기야. 소크라테스가 기하학을 모르는 소년과 문답을 해서 소년이 점점 지식을 쌓아간다는 이야기인데 말이야. 너, 중학교에서 공부했던 기하학 기억나니?"

"너무 어려웠어. 기하학 증명문제 말이지……."

"그렇구나. 흥미로워지네. 후훗. 그건 처음에 그저 도형의 집합일 뿐이지만 정의와 공리를 이용해서 점점 증명해가는 문제잖아. 그런데 원래는 우리가 알고 있었는데 잊어버렸다가 알았던 것을 조금씩 떠올려가는 거 같다고 생각되지 않니?"

"으응? 머릿속에 이미 들어 있던 답을 찾는 것 같다고? 그러면 나는 분명히 어떻게 푸는지 알고 있으니까 내가 아는 답에 도달해 가는 느낌이라고 생각하면 맞니?"

"응! 그래! 그렇게 이미 알고 있는 것을 재확인하는 것이 학습이야. 이것을 플라톤은 **상기**(想起)라고 말했지."

"상기라……."

또 무슨 말인지 모르겠다.

마리는 상기에 대해 이야기하기 시작했다.

우리들은 태어나기 전에 이데아 세계에 살았기 때문에 진정한 존재로서의 이데아를 알고 있지만, 이 현상 세계에 태어날 때 모두 잊어버렸다는 말이었다. 현상 세계에 있는 우리는 그것을 보고 들을 수 없다. 이데아에 대해 어떤 느낌도 가질 수 없다. 그러면 어떻게 이데아를 알 수 있냐고 물으니 마리는 **이성**의 힘으로만 가능하다고 대답했다.

"이데아 세계에 진짜가 있고, 현상 세계에는 각각의 사람들이 이성을 이용해서 정보를 얻는 거야. 그러니까 우리는 모두가 제각각이 되어도 같은 생각을 공유할 수 있는 거지."

"또 굉장한 이야기를 하는구나!"

"조금씩 떠오르지?"

"뭐가?"

"이데아 세계에 있었을 때의 일."

이야기는 아주 자연스럽게 점점 위험해지는 것 같았다.


## 남녀가 끌리는 이유

이유가 어떻든지 놀이공원에 왔는데 우리들은 3D 영화만 보고 계속 벤치에 앉아 있었다. 이런 이유도 있었지만 더 이상 이야기가 위험한 방향으로 흐르지 않도록 이야기를 끊을 필요가 있었다. 나는 마리에게 다른 곳으로 가는 것이 어떠냐고 슬쩍 떠봤다.

"응. 좋아. 나도 잠깐 다른 이야기가 하고 싶어졌어. 그러면 저쪽에 있는 커피 컵 타러 갈까? 사랑 이야기를 하기에 안성맞춤이지!"

뭐, 뭐라고? 사, 사랑 이야기! 혹시 강의는 끝났고, 이제부터는 데이트를 하자는 말인가?

"참, 내가 사랑 이야기라고 말한 것은 **플라톤의 연애론**이야. 혹시 착각하지 말라고."

내가 착각했던 것을 알고 있는 듯 말해 버리니 얼굴이 화끈 달아올랐다. 그러면서 심장이 너무 빠르게 뛰는 것인지 목이 뻐근한 것인지 다시 통증이 시작되었다. 이런 통증과 불안을 마리가 확 날려 주었다. 나를 보며 활짝 웃고는 커피 컵으로 가자고 내 손을 잡아끌었다.

커피 컵을 타자 천천히 돌아갔다. 커피 컵이 돌기 시작하면서 마리는 플라톤의 연애론에 대해서 이야기하기 시작했다.

"플라톤의 연애에 대한 대화편인 《향연》에는 이런 이야기가 있어. 아주 먼 옛날 인간은 네 개의 손과 네 개의 다리, 두 개의 얼굴을 가지고 있었다고 해. 이것은 남자와 여자가 서로 붙어서 하나가 된 거래."

이런 얘기는 더운 여름날 밤에 이야기하면 딱 어울릴 만한 주제가 아닐까. 등골이 오싹해져서 더위로 인해 잠 못 들 걱정은 안 해도 될 것 같네.

"그들은 서서 걸을 수도 있었지만 급한 경우에는 재주를 넘으면서, 그러니까 원을 그리며 돌면서 앞으로 나갔어."

헉, 정말 공포 영화에 밀리지 않네. 이런 사람, 아니 괴물이

오면 재빨리 도망쳐야 돼!

"그들은 아주 힘이 세서 신들에게 도전했어. 그래서 신들은 그들을 둘로 나누어 두 다리로 걸어 다니게 만들었지."

왜 그런지 어지럽네. 돌면서 앞으로 나갔다는 말을 들어서 그런 건지, 마리가 말하는 이야기 탓인지 정확히 모르겠다. 아마도 후자겠지.

"뭐야. 그것도 플라톤 이야기야?"

"응. 이 이야기는 신화야.《향연》에 실린 허구 이야기지."

"다행이다."

조금은 안심했다. 신화라면 편안한 마음으로 들어도 될 것 같으니까 말이다.

"지금 이 이야기는 연애에 대한 비유야. 왜 남녀가 서로에게 끌리는가. 그 이유가 처음에 한 사람이 둘로 나뉘었기 때문에 남녀가 끌린다는 얘기야."

그렇게 생각하니 공포 영화 이야기가 아니라 약간은 낭만적인 이야기네.

"그래서 영어로 아내를 'better half(자기 반쪽)'라고 하는 거야."

주위를 돌아보니 돌고 있는 커피 컵에는 대부분 남녀 쌍쌍이 앉아 있었다. 이 광경을 바라보자 다들 자기 반쪽과 앉아 있는 듯 느껴졌다.

마리가 자연스럽게 컵 가운데 있는 핸들을 돌리기 시작했다.

"저기, **플라토닉 러브**(platonic love)라고 있잖아."

"어, 어."

어디에선가 들어본 적이 있다.

"그것도 플라톤이 만든 용어야."

플라톤이 만들었구나.

"플라토닉 러브는 순결을 지키는 거지?"

"응. 육체적인 사랑이 아니라 정신적인 사랑을 중요시하는 거야."

마리는 무슨 말이 하고 싶은 걸까? 그건 그렇고 왜 이렇게 컵이 빨리 돌지?


## 에로스에서 이데아로

"거기에 말이야. 아까 말한 《향연》. 그 책은 **에로스**가 주제야."

에, 에로!? 저기. 너무 속도가 빠르단 말이야.

왜 그런지 마리의 얼굴도 홍당무가 된 것 같았다.

"앗, 너! 뭐 이상한 생각했지?"

"아, 아니야! 무슨 생각을 해!"

당연히 생각했었다. 후후후.

"모두들 오해를 해서 참 난처해. 에로스는 애당초 **사랑**을 의미하는 거라고. 에로스는 그리스 신화에 나오는 사랑의 신인데, 로마에서는 큐피드라고 불렀어."

"큐, 큐피드가 에로였구나!"

"에로스라고! 정확히 에! 로! 스!"

어? 다른 건가? 너무 빨리 이야기가 진행돼서 집중한다고 했는데. 커피 컵은 아까보다도 더 빨리 도네. 이야기하면서 마리가 핸들을 계속 돌리고 있었구나. 아, 어지럽다.

"에로스는 점점 높아져서 이데아와 맞닿는 원동력이 되지."

역시 이상하게 자꾸 흥분된다. 원동력을 이야기하니 회전수가 더 많아졌다. 플라톤의 이야기에 집중하며 말하던 마리는 아까보다 몇 배는 더 핸들을 빠르게 돌리고 있었다. 우리 컵만 주위의 다른 컵보다 3배는 더 빠른 속도로 돌고 있었다. 마리를 배경으로 빙그르르 돌았다. 흥분한 탓인지 머리가 빙글빙글 돈다. 주변 풍경은 계속 변화한다. 그러나 우리는 변하지 않는다. 마치 현상과 이데아의 관계 같다.

현상 세계는 빙그르르, 빙그르르 변화해서……. 그런데 컵이 너무 빨리 돈다. 빙그르르, 빙그르르(마리야 컵 좀 세워!) 빙그르르, 빙그르르, 빙그르르, 빙그르르!

이제는 바람 소리도 시끄럽게 들려서 목소리는 아예 들리지 않았다. 마리는 상쾌하다는 표정으로 뭐라고 중얼거렸다. 바람 때문에 마리의 묶은 머리가 아무렇게나 휘날려서 긴 머리가 엉켜 엉망이 되었다.

회오리치는 것처럼 사정없이 커피 컵이 도는 순간 너무 감격한 마리는 "이데아는 최고야!"라고 소리쳤다.

그리고 나는 다시 공중을 날아갔다.


## 사랑하는 사람은 이데아와 맞닿고 있다

눈을 살며시 뜨자 걱정에 가득 찬 마리의 얼굴이 흐릿하게 보였다. 기억도 돌아왔다. 기억나는 것은 공기와 구름, 그리고 물이었다. 물이라고? 그렇다! 우주로. 아니, 난 놀이공원에 있는 연못에 빠졌던 것이다.

몸은 여기저기가 쑤시고 아팠지만 머리는 이상하게 푹신푹신하고 기분이 좋았다. 앗! 혹시 나 무릎베게하고 있는 건가?!

"미안해. 이데아를 이야기하면 자꾸 그만 흥분해서 나를 주체하지 못해."

확실히 평정심을 되찾은 마리가 벤치에 뻗어 있던 나에게 상당히 미안해했다.

"아니야……. 신경 쓰지 마. 괜찮아. 겨우 이 정돈데 뭘. 어쨌든 이번에도 떨어진 곳이 물이라 다행이다……. 하하하."

마리는 정말 미안한 듯이 계속해서 사과했다.

"그건 그렇고 이데아란 연애 이야기도 되는구나."

마리의 무릎을 베고 누워 있으니 아픈 것도 다 잊어버리고 질문을 하게 되었다.

"연애하는 사람은 자연과 이데아에 맞닿게 돼 있어. **영원히 변치 않는 사랑**이라는 이데아를 느끼는 거지. 이데아는 영원히 존재하는 것이어서 만들어지지도 없어지지도 않고, 늘어나거나 줄어들지도 않으니까."

연애가 이데아와 연결이 되는구나. 분명히 영원히 변치 않는 사랑이란 그 자체가 이데아 같다. 사람은 이러한 것을 찾는다고 하는, 가장 알기 쉬운 예일지도 모르겠다. 이제 조금 이데아가 현실로 느껴지네.

머리 위에서 마리의 부드럽게 녹아드는 목소리가 들렸다.

"철학을 통해서 이데아에 있는 진정한 **진리와 선**, 그리고 **아름다움**을 깨달은 사람은 더욱 멋진 사랑을 할 것 같다는 생각이 들어. 분명 그 경지에 이르려면 영혼의 수준이 높아야겠지. 그들은 육체의 결합보다 더 높은 수준에 있는 영혼과의 결합이 견고하고 고결하다고 생각해. 이런 상태가 되는 것이 플라토닉 러브라는 거야."

왜 그럴까. 정말 행복하다. 이런 장면에서 여자아이한테 사랑에 대한 이야기를 들을 줄이야. 내 인생에서 또 다시 이런 날이 올까. 시간이 이대로 멈춰서 이 순간이 영원하다면.

"세상에! 또 무슨 망상에 빠져 있는 거니?"

어디에선가 이런 소리가 들렸다. 이 목소리는……. 아이 선배다! 컷! 컷! 이 장면에서는 아이 선배 필요 없다고요!


## 잘하는 것과 잘못하는 것

갑자기 내 눈앞에 나타난 아이 선배와 아이 선배를 따르는 무리들. 그들은 아이 선배를 앞에 두고 예쁜 삼각형 모양으로 서 있었다. 음, 이번엔 아이 선배가 뭘 하려는 거지?

평소라면 몸을 일으켜서 이야기를 들으려고 했겠지만, 아직 여기저기 쑤시고 아파서 조금 더 그냥 이대로 있고 싶었다. 그래서 난 그냥 누워 있는 채로 들었다.

"기리시마 마리! 아니지. 네 생각이 저 세계로 날아갔으니 '천상을녀'라고 부르는 편이 낫겠지? 천상을녀! 이렇게 무엇이든 존재한다는 자유로운 가치 판단이 가득한 현대에 변하지 않는 보편적인 것을 찾으려는 너는 정말 진짜로 이상한 애야. 너희 자매는 2,500년이나 됐다고."

마리의 별명이 천상을녀구나. 마리 역시 왠지 범상치 않다 했더니.

"혼자 동굴에 있는 거야, 언니. 외롭지? 이제부터 동굴에서 나와 이데아의 빛을 쐬는 건 어때?"

마리는 조금도 흔들리지 않았다. 이제 어떻게 되는 거지?

"후훗, 이거 어쩌지. 너무 미안하네. 그런 망상의 세계로 들어갈 마음은 털끝만큼도 없거든."

아이 선배는 시선을 돌렸다.

"하지만 언니도 **잘 산다**는 것에 관심이 있잖아."

"너무 추상적이라 잘 모르겠네. 잘 공부하고 잘 놀라고 말한다면 집중적으로 공부하고 놀라는 의미야. 그런데 잘 산다고 하면 너무 포괄적이니까 안 되는 거야. 산다는 것은 인생 전체를 말하잖아. 이것을 말 한 마디, '잘'이라는 단어로 말하는 너희 자매의 허풍 같은 말을 믿을 수가 없어. 그래서 나는 그때그때마다 잘하려고 노력하는 거야. 운동을 잘하거나, 식사를 잘하는 거지. 구체적으로는 칼로리 소비를 잘한다든지, 균형에 맞는 영양을 잘 섭취한다든지 말이야. 구체적이지 않으면 잘하는 것이 무엇을 말하는 건지 몰라."

아이 선배가 흥분에 차 단숨에 말했다.

"아니야. 언니. '잘'이 먼저야. 그것을 기준으로 해서 운동이나 식사를 잘하는 거야."

"그거야말로 틀렸어. 구체적인 사실이 있고, 그것이 결과적으로 잘한 것인지 못한 것인지를 아는 거야."

참 헷갈리네. 이전에 린 선배와 아이 선배가 하던 논쟁이 더 심해졌네. 어떤 원리적인 걸로 부딪힌다고 할까, 근본적으로 다르다고 할까.

"잘한다, 잘못한다는 **선천적**으로 인간에게 심어진 거야. 언니, 눈을 떠야 해."라고 마리가 말했다.

"흥! 잘한다거나 잘못한다는 것은 **경험적**으로 나중에 알게 되는 거 아니니?"

"그렇지 않아. 아름다움을 아는 능력이 있기 때문에 아름답다고 하는 거야. 같다는 의미를 알기 때문에 계산을 할 수 있는 거랑 마찬가지라고. 미리 마음에 프로그래밍돼 있는 것이 있어."

"나는 전혀 그렇게 생각하지 않아."

완전히 생각이 다르네. 서로 전혀 안 맞는다.

아이 선배는 양손을 펼쳐서 놀이공원을 가리키며 말했다.

"이 놀이공원을 봐. 이 세상이 유일한 세상이야. 모든 기준은 물질세계에 있어. 이데아라는 것은 머릿속에 있는 망상이야. 알겠니?"

이렇게 말하는 아이 선배에게 마리가 직접적으로 말했다.

"언니는 사람을 좋아한 적이 없구나!"

"뭐라고……?"

아이 선배가 당황했다.

"이, 있었어. 그런 경험쯤이야, 뭐……."

"사람을 사랑하는 것이 영원한 사랑으로 이어지는 걸 모르기 때문에 언니는 불쌍한 사람이야."

"조, 좋아하는 사람 같은 거 있었다고!"

"으응? 누군데?" 마리가 때를 놓치지 않고 물었다.

"누구라니. 누구인지 너한테는 말해 주기 싫거든!"

"역시, 없네."

이때, 정말 어이없는 일이 벌어졌다. 마리와 아이 선배의 논쟁을 보던 아이 선배의 무리들이 털썩털썩 쓰러지기 시작했다. 순식간에 몇십 명이 쓰러져 볼록한 언덕처럼 보였다.

"무, 무슨 일이 생겼어요!"

"언니! 언니가 벌인 거죠!"

"아, 아니야! 나는 아무것도 안했다고!"

아이 선배는 갑자기 급하게 "오늘은 이 정도로만 해주지. 알

고 있으라고!"라고 말한 뒤, 영화의 한 장면처럼 멋지게 머리를
뒤로 찰랑 넘기며 돌아갔다.

대체 무슨 일이 일어난 거지?

그 뒤에는 약간의 소동이 있었다. 그럴 수밖에 없는 것이 몇
십 명이 다 같이 쓰러졌으니, 구급차도 출동하고 주변에 있던
아이들도 모두 모여들었다.

기리시마 자매와 관련되면 항상 어떤 소동에 말리나 보다.
게다가 일이 점점 커져 가는 기분이 들었다.


## 아틀란티스 전설

며칠 뒤, 마리에게서 연락이 왔다. 지난번 아이 선배를 따르
는 무리가 다 같이 쓰러진 사건의 비밀을 안 것 같았다. 그 정
보를 갖고 있는 조직이 있다고 했다.

수업이 끝나고, 오늘은 특별히 체육부서 활동도 빠진 마리
와 함께 그 조직을 찾아갔다. 도착한 곳은 흰 상자 모양의 동
아리 건물이었다. 너무 익숙한 장소라 눈치 빠른 내가 보기에
조직이라는 표현이든 마리가 말하는 식의 전개든 모두 황당무
계한 말이었다.

"동아리 건물 뒤에 수학부가 있어. 걔네들은 학교를 둘러싼

음모를 추적하고 있어. 보통은 뒤에서 활약해 자기들 얼굴을 보이는 일이 별로 없고, 활동하는 내용도 명확하게 드러내지 않지. 사실 국가 차원의 대단한 활동을 하고 있어!"

이렇게 장황하게 설명한 마리가 나를 이끈 곳은 우리 학교와는 어울리지 않는 허름한 곳이었다.

"저곳이 수학부야. 이 안에 궁극의 컴퓨터가 있어. 그것을 적이 노리지 못하게 이런 식으로 초라하게 위장을 한 거지."

적이라면 아이 선배를 말하는 걸까?

수학부 건물에 가까이 가보니 정말 오래된 곳 같았다. 목조 건물로, 지금이라도 무너질 것 같아 보였다.

"그럼, 이제 들어가자."

마리는 입구로 보이는, 녹이 많이 슨 거대한 철판 앞에 멈춰 섰다.

그러자 어디에서인가 어떤 소리가 들려왔다.

"피타고라스의……."

마리는 '정리'라고 말했다.

그러자 "보안이 해제되었습니다."라는 기계 음성이 들렸다. 문이 옆으로 밀리며 열렸다.

보안이 해제돼서 열린 건가?

"잘 왔어, 마리야. 그리고 옆에 계신 분도요."

원래라면 이런 비밀 연구실에는 흰색 가운을 입은 박사 같이 보이는 남자가 기다리고 있어야 하는데, 안에서 나온 것은…… 개였다.

공중에서 소리가 났는데 아무것도 없어 이상하다고 생각은 했지만 개라니! 그런데 이 개가 말을 한 거야?

"우와, 건강하구나. 헤라클레스."

마리는 앉아서 개를 어루만졌다. 이상한 신호음도 들리지 않았다. 아마도 목 주변에 소형 스피커라도 달려 있는 듯했다. 진짜 사람 목소리 같았다.

"내가 안내할게. 들어가자."

개는 살짝 돌아서 안으로 걸어갔다. 그 건물은 상당히 깊었다. 개 뒤를 쫓아 우리들은 긴 복도를 걸어갔다. 막힌 곳에서 오른쪽으로 돌고, 가다가 또 막힌 곳에서 왼쪽으로 돌고, 이런 식으로 미로 속을 걷는 듯 걸어갔다. 개는 똑똑하게 길을 찾아 계속해서 앞으로 걸어 나갔다.

가다 보니 문이 열린 방이 나왔다. 방이 아주 컸다. 눈앞에는 거대한 상자 모양의 물체가 보였다. 그(수컷일까?)는 멈춰 서서 "이것이 슈퍼컴퓨터야."라고 말했다.

"이건 슈퍼컴퓨터인 '경'의 성능보다 더 높은 슈퍼슈퍼컴퓨터 '아승기'와 '나유타'야."

그 장소에는 학교의 아크로폴리스 타워를 소형화한 듯 보이는 장치 두 대가 나란히 있었다. 마치 쌍둥이 빌딩 같았다. 그렇기는 해도 '슈퍼슈퍼컴퓨터'라니 성의 없이 이름을 막 지은 것 같았다. 그러자 컴퓨터를 소개했던 개가 갑자기 공중에 뜨기 시작했다. 헉, 이건 무슨 원리지!?

개는 내 가슴 부분까지 떠올랐다. 그 뒷부분이 수면이 흔들리는 것처럼 일렁인다고 생각하자 사람의 그림자가 천천히 나타났다. 개를 안고 있는 남자가 거기에 서서 말했다.

"놀랐니?"

"대단하지? 광학미채! 빛을 이용한 변장술이지. 이름하여 '기게스의 반지!' 플라톤의 《국가론》에 나오는 기게스의 반지와 이름이 같아. 배경이 되는 풍경을 옷에 비추면 투명인간이 되는 거지. 너도 들어본 적이 있지?"라며 마리가 흥분해서 나에게 말했다.

아, 뭐. 이런 기분을 대체 어떻게 설명해야 하나. 이 건물에 들어오니까 너무 이상한 것들이 많아서 이 건물이 UFO라든지, 그들이 우주인이라고 해도 놀라지 않을 정도였다.

"우선 소개할게. 수학부 부원들이야."

아까 투명인간이었던 남자가 우리를 향해 말했다. 그는 빨간 정장을 입고 있었다. 정장이라고는 해도 흔히 생각하는 양복이 아니라 전투대원복과도 같은 제복이었다. 그리고 갑자기 사람들이 여러 명 나타났다. 그 곳에는 그를 포함해 다섯 명의 사람이 있었다. 참, 그리고 새 한 마리가 있었다. 하늘에서 큰 날개를 편 새가 내려왔다. 그 새를 자세히 보니 올빼미였다.

"우리 수학부원, 아니 피타고라스 기관은 너희들의 방문을 환영해. 우린 학교의 음모를 막기 위한 철학 전사들이지!"

피타고라스 기관? 철학 전사라…….

이건 또 무슨 말인지. 그러고 보니 '전사'라면 전에 린 선배도 이야기했었다. 하지만 무슨 말을 하는 것인지, 뭐가 어떻게 돌아가는 것인지 도통 모르겠다.

멍해진 나에게 마리가 간단히 설명해 주었다. 피타고라스 기관이라는 것은 수학부의 감춰진 또 다른 이름이라고 했다. 아까 마리가 말했던 국가 차원의 활동을 할 때는 수학부라는 이름이 어울리지 않으니까 거창하게 기관이라는 명칭을 붙여 사용한다고 했다.

별 의미도 없는데 사람 부담스럽게…….

이렇게 무시하는 생각을 한 걸 알았는지 투명인간이었던 남자가 나에게 퉁명스럽게 말했다.

"넌 피타고라스가 실제로 비밀결사를 만들었다는 사실을 알긴 알아? 뭐……. 제대로 옛날에 있었던 일들을 공부해야 말이지!"

마리가 나를 신경 쓰며 "자, 자, 자. 리더!"라며 중재했고 분위기는 원래대로 돌아갔다.

"그러면 먼저 내 소개를 하지. 나는 피타고라스 기관의 리더인 레드야."

앞에서 계속 얼쩡거리더니 역시 리더구나. 전투대원복이 나름 잘 어울리네.

"여기는 블루!"

갈색 머리의 빼빼 마른 남자아이가 일어섰다. 옷은 물론 파란색 전투대원복이었다.

"잘 부탁해."

"다음은 핑크."

리더의 목소리를 들은 그녀는 보고 있던 컴퓨터 화면을 계속 보면서 "나야!"라고 짧게 말했다. 그녀는 옷뿐만이 아니라 영화에서 나오는 비밀요원들이 쓸 법한 큰 마스크까지 쓰고 있어서 어떻게 생긴 아이인지는 알 수도 없었다. 여기에는 정상인 사람은 없나 싶었다.

"나는 그린이야."

녹색의 전투대원복을 입은 세련돼 보이는 남자도 핑크와 마찬가지로 컴퓨터 화면만 바라보면서 들릴 듯 말 듯 인사했다.

작업에 집중하고 있어서 우리에 대해 별 신경을 쓰지 않았다. 뭔가 정말 어려운 일을 하고 있는 것일까?

"이상."

"자, 잠깐 기다려 봐!"

안경 낀 덩치 큰 남자가 방을 흔들 정도의 기세로 뛰어 들어와 그들 사이를 파고들었다. 그의 열기는 슈퍼컴퓨터를 냉각하는 쿨러의 바람마저 열풍으로 바꾸었다.

"왜, 왜 나는 빼는데? 나는 옐로야! 반갑다!"

옐로로 인해 더워서 있기 힘들었는지 계속 얌전하게 있던 올빼미가 불같은 옐로를 내쫓았다.

옐로가 반쯤 울면서 나가는 모습을 보며 레드가 저 영리한 올빼미는 '미네르바'라는 정찰부원이라고 알려줬다. 그리고 레드의 이야기는 학교를 휩쓰는 음모로 향했다.

"플라톤은 《크리티아스》와 《티마이오스》의 대화편에서 **아틀란티스 대륙**에 대한 이야기를 해. 때는 고대지. 그 나라는 농산물이나 금속 등의 지하자원이 풍부하고 세계 각지에서 배가 계속해서 들어와 큰 번영을 누렸어. 수도 포세도니아에 호화로운 신전을 짓고 마을 주변을 동심원 모양의 운하로 둘러쌌지. 그런데 그 번영은 지진과 홍수로 하룻밤에 종말을 고한 거야……."

아틀란티스는 분명히 만화나 게임에 나오는 상상의 공간이라고 생각했었는데……. 플라톤 이야기를 바탕으로 한 거였네.

마리가 말을 이어나갔다.

"우리 학교의 모양을 떠올려 봐. 타워를 중심으로 해서 동심원 모양으로 건물이 배치되어 있잖아. 이것은 아틀란티스를 이상으로 했단 말이야."

원래 부드러운 인상의 마리가 오늘은 조금 무서워 보였다.

"어? 그러니까 우리 학교를 설계한 사람은 아틀란티스를 생각하고 만들었다는 거야?"

내 질문에 레드가 답했다.

"그래. 우리 학교는 영화를 누렸던 아틀란티스를 본따서 만든 거지. 그리고 낙원 같은 학교 시설의 뒷면에서 어떤 비밀 계획을 진행하고 있어."

나는 그것이 무엇인지 알고 싶었다.

"그것은……."

"아, 아틀란티스 계획이구나."

절묘한 타이밍에 옐로가 들어왔다.

말을 놓친 레드는 조용히 옐로에게 눈치를 주고는 아무 일 없었다는 듯 "아틀란티스 계획이야."라고 털어 놓았다.

"저기 말이야. 지금 말한 그 아틀란티스 계획이란 게 뭐야?"

이름은 대단한데 난 전혀 무슨 일이 일어날지 예상할 수가 없었다. 그저 다들 지금 즉흥 연기를 하고 있는 것 같은 기분이 들었다.

"학생들의 영혼을 빼앗는 거지. 즉 세뇌를 해서 철학 좀비를 만들고 조정하는 계획이야."

마리가 심각한 표정으로 사실을 말해 주었다.

또, 또, 또! 마리가 말도 안 되는 말을 한다! 이런 생각을 하고 있는데 수학부의 전체 분위기가 매우 무겁고 심각했다.

정말일까? 정말인 걸까? 매번 그랬듯이 말도 안 되는 이야기 아닐까? 진짜 마리의 말이 사실일까?

모두들 표정이 굳어 있었다.

에리에게 차였다든지, 매일 똑같이 반복되던 내 일상은 완전히 어디론가 가버린 듯했다. 현실인지 망상인지. 그러나 분위기는 너무 현실적이어서 아무래도 그냥 장난이거나 단순한 호기심 때문에 일을 꾸미는 것 같지는 않았다.

갑자기 내 가슴에 불안이 엄습했다.

"세, 세뇌라고? 대체 무엇을 위해서 그러는 건데?"

"우리들도 아직 계획의 전부는 몰라. 하지만 이 슈퍼슈퍼컴퓨터를 사용해서 알아보고 미네르바를 풀어서 학교 여기저기 중요한 정보를 모아 보니, 어느 날 기베인 홀딩스가 비밀스럽게 학교 지하에 거대한 시설을 건설하고 있다는 사실을 알아냈어."

기베인? 어디서 많이 들어 본 성인데. 참. 아이 선배가 기베인 아이였지.

"응? 대체 그게 무슨 말이야?"

"아이 회장은 우리 학교 이사장 외동딸이야. 기베인 홀딩스는 우리 학교 이사장이 이끄는 우리 학교 재단이고."

마리는 내가 무엇을 궁금해 하고 있는지 모두 아는 듯 자세히 설명해 주었다. 레드도 고개를 끄덕였다.

그랬구나. 이사장 딸이면서 학생회장이라니. 우리 학교가 자기 소유인 양 학교를 활보하고 다녔단 말인가?

"그러면 아이 선배가 아틀란티스 계획을 진행시키고 있는 거야?"

"지난번에 말이야. 미토스 랜드에서 아이 회장을 따르는 무리들이 다 같이 쓰러졌잖아. 그 무리들은 철학 좀비야. 회장은 철학 좀비를 만들어 내고 있어. 자세한 내용은 모르지만 이것은 확실해."

마리는 확신에 가득 찬 얼굴로 말했다.

아이 선배는 좀비를 양산한다! 학교 대부분의 학생은 철학 좀비다! 린 선배도 아이 선배가 철학 좀비를 만들어 낸다고 똑같이 말했었다. 음모라는 게 이것을 말하는 건가?

"우리 학교 전체가 학생들을 사고력이 떨어지는 철학 좀비로 만들기 위한 장치야. 낙원과 같은 시설에서 향락적으로 매일을 보내다 결국에는 자기 생각 같은 것은 잊고서 사는 인간으로 세뇌를 시키기란 아주 쉽지. 세뇌당하면 바로 좀비가 돼."

레드가 계속 이야기했다.

"현재, 대략 80%의 학생들이 철학 좀비가 됐어. 곧 거의 100%까지 이르겠지. 지금은 기리시마 자매처럼 철학으로 영혼을 배려하는 기특한 사람이 오히려 괴짜인 거지. 너도 앞으로 어떻게 할지 생각해 둬야 해. 다른 사람 일도 아니고."

레드가 냉정하게 말했다. 그렇다고 나도 쌀쌀맞게 굴 수는 없었다.

"나는 무엇을 하면 좋을까?"

"말했잖아. 전사가 돼야지. 아틀란티스 계획을 막기 위해서야. 그러기 위해서는 철학의 힘을 더 키울 필요가 있어. 그래서 잃어버린 학생들의 영혼을 되찾아야 해! 그러면 기베인 홀딩스는 당연히 우리들을 없애려고 하겠지."

"아이 회장도 자신이 옳다고 믿고 그렇게 행동하고 있을 거야."라며 마리가 말했다.

그런가. 그래서 기리시마 자매는 철학을 학교 내에 널리 알리려고 했던 건가.

"반면에 이 계획을 막을 생각이 없다면 기리시마 자매와 연락 끊고 평범한 인생을 살아. 왜 사는 것인지, 왜 세상이 존재하는 것인지, 인생의 목적은 무엇인지 생각하지 않고 사는 거지. 그렇게 하면 결국 철학 좀비가 돼. 뭐. 영혼을 잃어도 죽지는 않아. 다른 학생과 같이 즐겁게 살면 되는 거야. 음, 혹시 네가 인생은 즐겁게 살면 된다는 태도로 살았다면 벌써 이미 절반은 좀비가 되었다고 보면 돼."

린 선배나 마리와 같이 기베인 홀딩스와 싸울까? 아니면 아무런 생각도 하지 않고 좀비처럼 매일을 살까?

이제 결정했어!

"나, 물론 싸울 거야. 린 선배나 마리가 말한 것을 모두 이해한 것은 아니지만, 나는 확실히 이전보다 인생에 대해 깊이 생각할 수 있어. 시간을 되돌리고 싶지 않아."

사후의 영혼이 있다든지 이데아 세계가 있다는 말은 내 마음에 딱 와 닿지는 않았지만, 그래도 기리시마 자매는 인간에게 중요한 것을 진심으로 추구하고 있었다. 아무것도 생각하지 않고 사는 것보다 나도 그녀들처럼 철학과 함께 살고 싶다. 누구에게나 올바른 것이 있는지 그렇지 않은지, 그 사실을 찾아가고 싶다. 그리고 만일, 무엇인가를 발견한다면 삶의 현실감을 잃어버린 친구들에게 그것을 전하고 싶다.

"너는 역시 이데아를 찾고 있구나!"

마리가 밝게 웃으며 나에게 말했다.

이데아를 찾고 있다는 생각이 들지는 않았지만 마리가 기분이 좋은 것처럼 보이니 그것만으로도 만족했다.

"내가 할 수 있는 만큼 다 해볼 거야. 철학의 힘. 맞지? 수학 전투원 여러분! 저, 열심히 힘을 키워볼 생각입니다."

"수학 전투원 여러분이라니! 피타고라스 기관이라니까!" 레드가 날이 선 말투로 정정해 주었다.

"피타고라스 기관 여러분도 열심히 싸워 주실 거죠?"

레드가 물론 그렇다는 의미로 엄지손가락을 들어 올렸다.

다른 대원들도…… 눈은 컴퓨터 화면을 향해 있거나 쿨러 바람을 쐬는 등, 각기 다른 행동을 하고 있었다.

그렇다. 이 녀석들은 좀 못 믿겠다.

마리가 얼굴을 돌렸다.

"그러면 도서관으로 가봐!"

"아, 도서관에서 공부 열심히 해야지!"

"그런 의미가 아니라 도서관에서 만날 사람이 있어."

"누굴 만나?"

설마…….

"기리시마 자매 중 최강인 막내 동생이야."

역시 그렇구나.

사실 예습해 왔다. 소크라테스, 플라톤이 나오면 그 다음 철학자는 아리스토텔레스라는 것을 이미 알고 있다.

그건 그렇고. 기리시마 자매 중 최강인 막내 동생이라…….
대체 어떤 동생일까?

"모든 인간은 이상을 찾으며 살아간다."

**플라톤Platon (B.C. 427~B.C. 347)**

아테네의 명문가 출신이다. 소크라테스의 사형으로 인해 정치계로 입문하려던 생각을 버리고 철학자가 된다. 소크라테스의 정신을 전하는 것을 사명이라 여기고 학원 아카데미아를 연다.

완전하고 영원불멸한 본질인 이데아야말로 진리라고 했다.

이데아 세계와 현상 세계, 이세계설(二世界說)을 제창했다. 현상 세계에서 감각으로 접하는 각 사물은 이데아를 분리해서 갖고 있으며, 이데아 세계에 존재하는 이데아를 불완전한 형태로 따라한 모조품이다. 이데아는 이성에 의해서만 알 수 있고 이데아를 찾는 사랑은 '에로스'라고 불렀다.

공동체의 질서와 조화를 찾는 정의를 주장하였으며, 이데아를 파악한 철학자에 의한 철학자 정치를 이상으로 했다.

## 《국가》

플라톤의 저서(《소크라테스의 변론》,《크리톤》,《파이돈》,《향연》)
중 철학과 정치학에 관한 책이다. 기원전 380년경 소크라테스 주도
의 대화체로 쓰였으며, 플라톤의 저작 중 가장 잘 알려진 책이기도
하다. 주인공 소크라테스와 많은 사람들이 정의에 대해 다양한 시각
으로 논한다. 또한 철학자의 역할, 이데아론, 영혼의 불멸성에 대해
다루기도 한다.

이 책은 정의가 무엇인지를 물으며 시작된다. "선한 자를 이롭게 하
고 악한 자를 해롭게 하는 것이 정의다", "강자의 이익이 정의다", "정
의란 사회계약의 결과일 뿐이다" 등 정의에 대한 수많은 정의(定意)
가 등장한다.

이 책에서는 정부의 형태를 다섯 가지로 나누며, 철학자 군주가 다
스리는 철인(哲人) 정치의 국가가 가장 이상적인 형태라고 보았다.
하층민들의 불만을 이용해 지지를 얻어 무력으로 정권을 장악한 독
재자의 정치가 바로 가장 최악인 참주 정치인데, 모든 국민들은 군주
에게 억압받고, 군주는 국민이 보복할 것을 두려워하며 결국 사회는
혼란에 빠지게 된다고 말한다.

# 행복하라!

아리스토텔레스,
최고선 그리고 인생의 목적

## 아리스토텔레스와의 만남

아틀란티스의 계획을 막기 위해 철학의 힘을 키우기로 맹세한 나는 기리시마 자매 중에서 최강이라는 동생, 기리시마 도모를 만나기 위해 학교 도서관을 찾았다.

소크라테스가 찾았던 세상의 진리. 객관적 진리라고 부르는 이것은 '누구에게 올바른 것'을 의미한다. 소크라테스의 뒤를 이은 플라톤은 이것을 이데아라는 우주 차원의 법칙으로 끌어올렸다. 이를테면 다른 사람의 물건을 훔쳐서는 안 된다거나 거짓말을 해서는 안 된다고 하는 것 등은 다른 차원의 어딘가에 인간과 별도로 존재한다고 했다. 이것은 신의 규칙과 같은 것이었다.

그리고 드디어 **아리스토텔레스**가 누구에게나 올바른 것을 완벽한 체계로 만들어냈다고 한다. 상대주의도 접근하지 못할 정도의 흔들리지 않는 원리다. 아리스토텔레스의 철학은 현대 사상에서도 강력한 무기가 되는 것 같다.

페리파토스 너머로 보이는 도서관은 그리스 신전과 같은 모양을 하고 있다. 도서관 앞면에는 가운데 부분이 약간 불룩한 엔타시스 기둥들이 나란히 서 있다. 나는 이 기둥들 사이를 걸어 들어갔다. 회전문이 바람에 밀리는 것처럼 부드럽고 천천히 움직였다.

건물의 1층은 아주 넓은 공간이 펼쳐져 있었고, 오른쪽 옆으로는 엘리베이터들이 줄지어 있었다. 그 앞에는 각 층을 안내하는 표지판이 세워져 있었다. 인문 분야는 7층인 것 같았다. '철학, 역사, 문학' 등이라고 쓰여 있었다. 나는 엘리베이터를 타고 7층 버튼을 눌렀다. 우리 학교의 학생 수에 비해 엘리베이터 안이 한산한 이유는 엘리베이터가 여섯 개나 있기 때문이었다.

도서관은 생각했던 것보다 상당히 넓어서 책을 찾는 것보다 기리시마 자매의 막내 동생을 찾는 편이 더 힘들어 보였다. 인문실 안쪽으로 들어가니 종이와 잉크, 먼지 냄새가 코를 찔렀다. 내 키보다 배는 더 큰 책꽂이들이 도미노처럼 알맞은 간격에 맞춰 나란히 세워져 있었다.

나에게 위험을 알리는 경보와도 같던 내 목의 통증은 이제 다 나은 듯했다. 정말 이번에는 아무 일도 없는 걸까? 지금까지의 경험들을 돌이켜 볼 때, 오늘 같이 처음 만나는 날에는 무조건 몸조심을 해야 한다. 약간 안으로 들어가니 기리시마 도모로 보이는 여자아이가 있었다.

한눈에 딱 봐도 어려워 보이는 두꺼운 책을 몇 권이나 펼쳐 놓은 여자아이는 무서운 속도로 책을 읽어 나가고 있었다. 작은 얼굴에 어울리지 않게 큰 안경을 끼고 있었다. 철학사를 공부하며 알게 된 아리스토텔레스는 체격도 작고 발도 작았다고 한다. 이런 표현이 딱 들어맞는 여자아이였다.

"……인간은 태어나면서부터 알기를 원한다."

"……현명한 사람은 고통이 없길 바라며 쾌락을 원치 않는다."

"……자신의 성격은 자기 행동의 결과다."

중얼거리는 내용은 분명히 철학이었다. 굉장히 빠른 속도로 읽어 내려가고 있었다.

분명해. 이 아이가 기리시마 도모야!'

"저기……."

내가 말을 거니 그녀는 책을 잡고 읽어가다가 얼어붙은 듯 쭈뼛쭈뼛 나를 올려다보았다.

시골에서는 동물들이 갑자기 도로 위로 뛰어들다가 차의 헤드라이트 불빛에 놀라 몸이 굳어서 피하지 못하고 차에 치이는 사고가 종종 일어난다고 한다. 마치 그런 느낌이었다. 물론 내가 그렇게 위험한 인물은 아닌데도 말이다.

"음. 언니들한테 들었을 것 같은데. 그렇지?"

"……하세요. ……예요."

"반갑다!"

"저……요."

"우리 학교 도서관이 이렇게 넓었구나. 잘못하면 못 만나겠다 싶었어."

"아. ……그렇죠."

뭐야. 답답하게 왜 이렇게 말소리가 작아. 도서관이 이렇게 조용한데 무슨 말을 하는 건지 전혀 들리지가 않네. 이 아이가 정말로 기리시마 자매 중 최강이야?

"그런데 이렇게 두꺼운 책을 읽다니. 너, 정말 대단하다. 그것도 이렇게 몇 권씩이나 펴놓고선."

"……."

다시 조용히 책을 넘겨 가며 보기 시작했다.

"이렇게 많이 펼쳐 놔도 한 번에 다 못 읽잖아. 한 권씩 보는 게 어때?"라고 말하며 내가 펼쳐 있던 책 위로 손을 뻗으니 도모가 작은 손으로 나를 막았다.

"괜찮아요. 저……, 다 읽어 가고 있으니까……."

"응? 이거 전부?"

거짓말. 말도 안 돼.

그러고 보니 도모는 나와 이야기하는 순간에도 책에 있는 글자들에서 눈을 떼지 않았다. 눈동자의 움직임이 책을 넘기는 속도와 잘 맞아 떨어졌다. 예전에 '슈퍼 독서법'이라는 독서 방법에 대해 들어본 적이 있다. 일반 책 같은 경우, 5초 만에 다 읽는 아이가 있다고도 들었다. 우뇌를 사용해서 문장을 사진처럼 머리에 넣는 방법을 사용한다던가. 그녀는 이런 슈퍼 독서법을 사용하는 것처럼 보였다. 나를 만나고서 책 한 권을 다 읽은 양, 도모가 옆으로 책 한 권을 쌓아올렸다. 나에게 이 책을 읽으라고 권하는 것 같았다.

그렇군. 이런 분위기에 이 정도의 분량이면 가볍게 읽을 수 있지. 어디 한번 책을 볼까.

"방해되거든요."

내가 그 책을 잡으려 하자 그 아이는 다시 그 책으로 손을 뻗었다. 멋쩍은 마음에 서둘러 책에서 손을 뗐다.

"……사람들과 이야기하는 걸 별로 좋아하지 않아서……."

여자아이임에도 왠지 딱딱한 것이 남자 같은 분위기가 풍겼다. 이런 분위기라면 아리스토텔레스의 이야기는 들을 수 없을 것 같았다.

그럼, 나중에 다시 한 번 시도해 보자! 린 선배와 마리에게 도모를 어떻게 공략하면 되는지 물어봐야겠다!

"그럼. 미안해. 책을 읽는데 방해가 되었나 보구나. 아리스토텔레스에 대해 물어 보려고 했었는데……."

그 순간, 도모가 끼고 있던 안경에 도서실의 빛이 반사되어 손전등으로 비추는 것 같은 강렬한 빛이 느껴졌다. 그리고 그 아이는 갑자기 따발총을 마구 쏘아대듯 말들을 퍼부었다.

"아리스토텔레스가 말하는 형이상학의 주된 사상은 질료와 형상에 관한 이야기다. 예를 들어서 대리석으로 만든 조각상은 대리석이 질료이고, 조각상이 나타내는 모양은 형상이다. 대리석 그 자체만으로는 단순히 돌의 영혼에 불과하지만 석공에 의해 형상을 부여받으면, 구체적으로 말하자면 헤르메스 조각상 등이 된다. 하지만 그 조각상은 질료로서의 돌을 떠나서는 존재할 수 없다. 그러면 사물을 사물로서 존재하게 하는 것은 형상이다. 질료 그 자체는 무엇이든지 될 수 있지만, 현실에서는 아무것도 아니다. 이것을 무엇인가로 만드는 것이 형상이다. 따라서 형상이야말로 개별적 존재 그 자체로서 존재토록 하는 본질인 것이다. 아리스토텔레스는……."

"잠, 잠깐만 멈춰 봐!"

나는 도모의 말을 막았다. 하지만 그 아이는 계속 떠들어 댔다.

"아무것도 아니면서 어떠한 것도 될 수 있는 가능성을 갖춘 것은 디나미스(dynamis), 즉 가능태(可能態)다. 질료에 형상이 부여된 헤르메스 조각상 등처럼 구체적인 것으로 완성될 때, 이것은 에네르게이아(energeia), 즉 현실태(現實態)다. 이와 같이 사물의 생성은 디나미스에서 에네르게이아로의 변화 과정인 것이다. 그렇지만, 어떤 질료와 어떤 형상이 연결되어 완성된다고 해도 그 어떤 것이 또 다른 어떤 것의 소재가 될 수 있다. 형상이 다음 것에게는 질료가 되는 것이다. 이것이 연속되면 언젠가 단순한 형상은 질료를 갖지 않는 본질, 즉 제1형상에 도달한다. 그리고……."

"잠깐만! 잠깐만! 잠깐 좀 멈춰 보라고!"

나는 크게 소리치다가 도모의 입을 손으로 막았다. 그 순간 도모의 눈과 마주쳤다. 그러자 바로 도모는 얼굴이 새빨개지며 내 손을 치웠다.

"앗. 미안해. 미안해." 나는 작은 목소리로 사과했다.

이때, 도서관에서 큰소리로 말해서는 안 된다는 사실을 새삼스럽게 다시 한 번 느꼈다. 주위에 있는 모든 학생들의 시선이 나에게 따갑게 꽂혔다.


## 기계론적 자연관은 안 된다?

"잠깐만. 조금 천천히 이야기해 줬으면 좋겠어. 알려 주는 게 고맙긴 한데, 그렇게 퍼부으면 무슨 말인지 못 알아듣거든."

"아. ……죄송해요."

다시 기어들어가는 목소리로 중얼거렸다. 아무튼 도모는 남들에게 보이려고 책을 펴놓고 있었던 것이 아님을 알았다. 읽던 책 내용을 줄줄 외는 걸 보니 말이다.

"천천히 말해 줘. 그 아리스토텔레스의 철학 말이야."

나는 다시 도모가 입을 열도록 했다.

"아리스토텔레스는 형상과 질료로 존재한다는 것을 설명했다. 예를 들면 이렇다. 집을 건축할 때는 돌이나 나무 등 재료가 필요하다. 아리스토텔레스는 운동을 가능태와 현실태로 설명했다. 가능태란 형상이 나타나지 않는 상태이고, 현실태란 형상이 목표에 다다라 자기를 실현한 상태다. 구체적인 예를 들어 보겠다. 씨앗은 나무가 될 가능성이 있지만 현실적으로 나무는 아니다. 나무의 형상이 드디어 자기를 발휘함으로써 어린 나무가 되고 어른 나무가 된다. 그 형상을 가장 완전하게 실현할 때 즉, 큰 나무가 될 때 이것은 완전 실현태에 도달하게 된다. 이렇게……."

세상에. 또 주위의 시선이 우리에게 향해 꽂혔다.

"잠깐! 잠깐!"

나는 그만 무심코 도모의 안경을 벗겼다.

"아…… 안경. 내 안경!"

도모는 심한 근시였다. 안경을 찾으려고 허둥거리며 손을 더듬는 모습이 마치 공기를 잡으려는 모습처럼 보였다. 이유는 알 수 없지만, 도모는 아리스토텔레스라는 말에 반응했다. 아리스토텔레스라는 말만 나오면 터진 둑마냥 말을 쏟아 냈다.

"여기."

안경을 다시 쓴 도모는 얼굴이 완전히 빨개져서 말했다.

"안경 벗은 얼굴은 언니들 말고 본 사람이 없는데……."

"린 선배나 마리가 누구에게나 올바른 것에 대해 설명해 줬어. 여기에 이어지는 이야기를 네가 해줄 줄 알았는데……."

도모의 안경 너머 안쪽에서부터 쏘아대는 차가운 시선이 느껴졌다.

"……모를 거라고 생각해요."

"뭐? 왜?"

"……매일 쫓겨서 목적도 없이 살아가니까요."

조그만 애가 독설을 퍼붓는구나. 이 오빠 마음을 아프게 하네.

"그런 말 말고 조금 더 확실히 알려줘. 상대주의를 접근하지 못하게 한 궁극의 철학이 있다고 들어서 즐거운 마음으로 왔단 말이야."

도모는 물끄러미 내 눈을 보고 말했다.

"모두에게 **공통된 삶의 목적**을 알면 그것은 누구에게나 올바른 것⋯⋯."

모두에게 공통된 삶의 목적이라⋯⋯. 이게 무슨 말이지? 어렵다.

"⋯⋯**기계론적 자연관**에서 떠나야 해요."

"기계론적 자연관?"

"⋯⋯현대인의 사고방식이요."

"현대인의 사고방식?"

나는 들리는 말을 반복할 뿐이었다.

"⋯⋯세계를 기계라고 생각하는 거요. 모두 기계적으로 돌아간다. 그러니까 그냥 있을 뿐이라고 생각하는 거죠."

"그냥 있을 뿐이라고?"

"⋯⋯무의미한 거죠."

도모가 무슨 말을 하는지 약간 알 것 같았다.

"그러니까 현대인은 세계가 기계처럼 의미도 없이 그저 움직일 뿐이라고 생각하는 거지?"

"네. ……그리고 사람도 시계처럼 움직이는 세계의 일부예요. 그래서 허무하죠."

"그래. 그런 느낌 알 것 같아. 그러면 어떻게 하면 되는 거지?"

"……삶의 목적을 갖는 거죠."

역시, 그렇지. 도모의 말은 단편적이지만 잘 들으면 의미와 연결되었다.

"나에게도 목적은 있어." 내가 말했다.

"……어떤 거요?"

"대학에 가는 거지."

"그래서……. 어떻게 할 건데요?"

"취직할 거야."

"그래서……. 어떻게 할 건데요?"

"으음. 결혼해서 가정을 꾸려야지."

"그래서……. 어떻게 할 건데요?"

"음. 노후를 보내겠지. 아마도?"

"그래서……. 어떻게 할 건데요?"

"뭐. 마지막에는 죽지 않을까? 나도 사람인데 죽겠지."

"……그러면 인생은 죽기 위해서 있는 거예요?"

"아, 아니. 내 말을 왜 그렇게 갖다 붙여……. 하긴, 뭐. 그런 측면으로도 볼 수 있나? 하하하."

멋쩍은 내 웃음소리가 한없이 허무하게 느껴졌다.

**인생의 의미**라. 어려운 이야기지. 그것은 바로 알 수 있는 것이 아니잖아. 나이를 먹고 조금씩 알아 가는 거 아닌가? 우선은 평범하지만 지금을 생각하면서 사는 것이 틀린 방법은 아닌 것 같은데…….

"인생의 목적은 매일매일 열심히 사는 거라고 생각해."

그러자 도모가 고개를 약간 숙였다. 안경이 빛을 반사하는 각도가 되어 도모의 눈이 안 보였다.

"……생각이 참 가벼워요."

"뭐?"

"너무 가볍다고요."

앗. 가볍다고? 매일을 열심히 살겠다는데 문제 있어? 드라마도 그렇고 여기저기서 그런 말들을 많이 하는데…….

"……눈앞의 쾌락으로 흘러가는 거죠. 아무런 목적도 없고, 아무런 의미도 없는 인생. 이것이 당신들이에요."

말이 좀 심하네! 게다가 당신들이라고? 점점 이 아이가 외계인처럼 보이기 시작했다.

## 목적론으로 인생을 다시 읽는다

"……기계론적 자연관은 당구공과 마찬가지예요. 부딪힐 뿐이지요. 자기가 움직이는 거라고 생각하지만 외부의 움직임에 의해 반응할 뿐……. 그게 당신들이에요."

도모는 역시 외계인이다. 지구를 공략하려는 거지! 분명 "우리는 지구인들을 쳐부수러 왔다!" 이렇게 말하겠지?

"……텔레비전이나 보고 서로 신변잡담이나 이야기하고, 먹고 마시고 끝나는 거죠. 쾌락을 찾고 서로 부딪히고……. 그저 영혼의 육체인 거예요."

저기 말이야. 그렇게까지 말하는 것은 예의가 아닌 것 같은데! 우리들은 육체라는 옷만 입고 있는 것이 아니라고!

"그러면 어떻게 하면 되는데?"

나는 속이 탔지만 한 살 더 많은 내가 참자고 생각하고 먼저 질문했다.

"……**목적론적 자연관**이 필요해요!"

목적론적 자연관? 자연에 목적이 있다는 건가? 아니, 자연은 목적을 갖고 있지 않지. 태양은 그저 타고 있을 뿐이고, 혹성은 그저 도는 거고. 인간을 위해 타거나 도는 것이 아니지. 이런 것을 기계론적 자연관이라고 하나?

"……목적이라는 각도에서 세계를 분석하세요. 집을 지을 때, 돌이나 나무 등의 재료가 필요하잖아요. 이것이 **질료인**(質料因)이에요. 설계도도 필요하지요? 이것은 **형상인**(形相因)이에요. 이것만 있으면 다 될까요?"

"그렇지. 그리고는 집을 지을 사람이 필요하겠지. 음…… 그렇지?"

"네. 맞아요. 집을 짓는 사람은 **동력인**(動力因)이에요."

내가 정답을 맞혔다! 야호!

"……그리고 또 한 가지가 있어요. 집을 지을 때는 산다는 목적이 있지요. 이것이 **목적인**(目的因)이에요. 집을 우연히 짓지는 않아요. 목적을 갖고 있지요. 그런데 사람들은 이것을 잘 잊어요. 당연하다는 듯이요."

그런가. 우리들은 일일이 어떤 목적이 있는지 생각지 않고 당연하다는 듯 살고 있다. 도로가 있는 것이 당연하고, 차가 달리는 것도 당연하고, 텔레비전을 보는 것도, 전화기로 이야기를 하는 것도. 전부다 그렇다.

그런데 여기에는 항상 **목적**이라는 요소가 들어 있었네. 목적이 있기 때문에 사물이 이어지는 것을 아는구나.

도모는 계속 말했다.

"……이 세상에 존재하는 원인은 모두 그 네 가지의 원인으로 환원돼요. 이것이 아리스토텔레스가 생각하는 **4원인설**이에요. 물건뿐만이 아니라 사람도 마찬가지예요."

사람도 마찬가지구나. 사람이 살아가는 것에도 어떤 목적이 있다고 하는 말인가? 하지만 내가 아까 도모에게 대답한 것들. 대학에 가고, 취직하고, 가정을 꾸리고, 죽어간다는 생각은 틀렸나? 이것이야말로 목적을 가진 삶이라고 생각하는데. 도모가 말하는 목적과 어떤 차이가 있지?

"그런데, 그렇게 해서 인생의 의미를 찾으면 조금 어딘가 마음이 불편해. 역시 즐거움을 위해 사는 것도 나쁘지는 않을 것 같은데."

"……벽에 부딪혀요."

그런 삶은 벽에 부딪힌 삶? 이제는 도모와 이야기하는 것이 익숙해졌다.

"어렵다. 참."

"……삶의 목적, 그것은……."

도모가 무엇인가를 말하려는데 상황이 좋지 않았다. 도모의 상황이 아니라 도서관 내에서의 상황이었다. 어느새 주변에서 사람들의 모습이 사라지고 있었다. 책꽂이 뒤편에서 어떤 이상한 낌새가 느껴졌다.

"뭐지?"

도모의 머리카락이 안테나처럼 뾰쪽하게 섰다.

"왜? 무슨 일이라도 일어났어?"

"……좀비들이에요."

"어?"

"……둘러싸였어요."

"너도 철학 좀비를 구분해 낼 줄 아니?"

도모는 고개를 끄덕였다.

"……공격 모드가 됐어요."

"고, 공격이라고? 녀석들은 쾌락에 빠져 있는 것 아니었어? 인간에게 위험을 가한다는 말은 들어 본 적이 없는데."

"……철학하는 사람을 공격해요."

"왜? 이유가 뭔데?"

"……부러우니까요."

"부러워? 철학하는 것이 부러운 거야?"

도모는 또 고개를 끄덕였다.

"……인생을 깊이 생각하는 철학이 부러운 거죠. 영혼을 되찾고 싶으니까 선망하는 거예요. 그러는 한편, 어렵고 고민해야 하니까 무서운 거죠. 듣고 싶지만 그만두고 싶은 거예요."

그렇게 복잡한 마음을 갖고 사는구나. 아무래도 난 좀비에 대해 잘못 알고 있었던 면이 있었던 것 같다. 그들도 인간이니까 언제나 향락적으로 살지만은 않을 테고, 영혼을 잃어버렸어도 제대로 된 인생을 살고 싶다는 미련이 남아 있겠지. 듣고 싶지만 고민을 직시하면 무서워진다. 그 기분, 나는 너무나도 잘 알고 있다.

도모와 내가 잠시 조용히 숨을 돌리자 다시 도모의 안테나가 제자리로 돌아왔다. 동시에 이상했던 분위기도 사라진 것 같았다.


## 인생의 목적은 최고선

좀비들이 없어진 것을 확인하자 나는 다시 묻기 시작했다.

"아까 한 말 이어서 해보자. 사람이 사는 목적은 뭔데?"

"……언니들한테서 누구에게나 올바른 것이 있음을 배웠을 거예요."

"으응. 소크라테스는 그걸 대화해 가면 각 사람 마음속에서 떠오른다고 생각했지. 그리고 플라톤은 진리란 이데아고, 이것은 이데아 세계에 있다고 생각했어."

"네. 그런데 이데아는 다른 차원이 아니라 현실 속에 **형상**으로 존재해요."

"형상?"

"설계도 같은 거요."

그리고 보니 난 지금 도모와 평범하게 이야기하고 있었다. 아까 좀비의 습격을 받은 것이 오히려 잘됐다는 생각이 들었다. 둘이서 위기를 공유했기 때문에 가능한, 현수교 효과다. 전에 데이트 매뉴얼에서 읽어 본 적이 있다.

"으음. 이데아가 사물 속에 있다는 거야?"

내가 묻자 도모가 나직이 설명해 주었다.

"이데아는 현실의 개별적 사물에 있어요. **질료**가 재료이고 형상은 그 모양이에요. 그래도 형상과 질료는 한 묶음이어서 형상만으로는 존재할 수 없어요. 형상은 개별 사물 속에 있는 프로그램과 같은 거예요."

즉, 이런 걸까? 플라톤은 영원히 변하지 않는 것인 이데아가 다른 차원에 있다고 생각하고, 이것을 이성으로 알려고 했다. 그런데 아리스토텔레스는 이것이 사물 속에서 조금씩 작용해 간다고 말한 것이다. 생물에서 말하는 DNA 같은 느낌? 적어도 다른 차원이 아니면 현실이다. 아리스토텔레스는 플라톤보다 상식적이네.

"형상 속에도 왕과 같은 것이 있어요. 그것이 세상을 이끌고 있어요. 궁극의 목적을 가리키면서 말이에요."

"목적이라면 어떤 거?"

"그것은 **최고선**이라고 부르는 거예요."

최고선이라!? 어딘지 대단한 말이 나온 것 같네. 이런 것이 현실 속에 존재한단 말이야?

"사람이 사는 목적을 알고 싶다고 아까 물으셨죠? 그리고 제가 사는 목적이 뭐냐고 질문했었고, 그에 대한 대답을 듣고 인생이 죽기 위한 것이냐고 대답도 해드렸죠. 그렇게 말씀드린 이유는 목적이 **욕구**이기 때문이에요. 욕구들만 연결해서 살기 때문에 인생이 허무한 거예요. 모두들 무엇을 위해서라는 욕구들의 연결 속에 묻혀 있어요. 그 당시는 좋지요. 하지만 인간은 무엇을 위해서가 연결된 큰 전체인 인생을 생각해요. 결국 '인생은 무엇을 위해' 산다고 생각하게 되는 거예요. ……순간순간의 욕구를 어느 정도 채워도 인생은 의미를 갖지 않아요. 그러니까 허무한 거예요."

도모는 열변을 토해내며 흥분했다. 드디어 도모의 목소리가 확실히 들릴 정도로 커졌다.

욕구의 연결……. 눈이 뜨일 것 같은 예감이 들었다. 어떤 욕구를 채우면 다음 욕구를 채우려고 하는 것은 우리에게 당연한 일이다. 하지만 이것을 계속하지 말아야 한다고 도모가 말했다. 이것이 허무함을 느끼는 원인이라고 했다.

"그러니까, 그 최고선이 필요하다는 말이지?"

내 질문에 도모는 확신에 찬 목소리로 그렇다고 대답했다.

"……마음에 흔들리지 않는 부동의 중심을 갖는 것. 돈이나 명예는 안 돼요. 더 흔들리지 않는 원칙이어야 해요. 최종 목표는 궁극의 목적지이자 사람들이 살아가는 목적, 그것은 최고선……."

아! 최고선이란 정말 대단한 거구나! 그런데 이것은 이데아가 이름을 바꿔 현실에 있다고 주장하는 거 아닌가?

"저기, 그 최고선 말이야. 결국엔 이데아와 같은 거 아니니?"

이 질문을 하는 게 아니었다. 지금까지 분위기 좋았는데. 내가 이 질문을 하자 갑자기 도모의 태도가 바뀌었다.

"전혀 아니거든요!"

눈을 동그랗게 뜨고서 쌀쌀맞게 소리 질렀다.

"이데아 세계는 필요 없어요! 현실 세계만으로도 된단 말이에요!"

도모는 부르르 입술을 떨다가 갑자기 눈물을 주르륵 흘리기 시작했다.

아아악. 어떻게 하지? 여자아이를 울려 버렸네.

"미, 미안해. 미안해. 나쁜 의미에서 물어본 거 아니야."

"저보다 마리 언니를 더 좋아하는 거군요!"

뭐라고? 좋아한다니. 지금 그런 얘기한 게 아닌데. 어떻게 그렇게 생각을 하지? 아악. 갑자기 목이 뻐근한 것이 다시 통증이 밀려온다! 제발!

"됐어요."

이렇게 말하자마자 도모는 아리스토텔레스 책을 들고 뒤도 돌아보지 않고 달려 나갔다.

"저기! 잠깐만! 기, 기다려!"

도모를 잡으려고 했는데 내가 요즘 운동을 안 했었는지, 있는 힘껏 책꽂이들을 향해 돌진해 버렸다. 약간 비뚤게 된 책꽂이가 흔들흔들 흔들리더니 내가 몸을 일으키기도 전에 옆 책꽂이로 쓰러져 갔다. 그러더니 도미노처럼 다른 책꽂이들마저 줄줄이 쓰러져 버렸다. 마지막에는 모래성이 무너져 내려가듯이 모든 책들이 쏟아지며 먼지를 일으켰다.

"아, 아, 아, 아악!"

제 갈 길에 나선 책들에 눌려 정신은 몽롱한데, 순간 도모의 말이 내 머릿속을 스쳐지나갔다.

기계론적 자연관은 당구공과 마찬가지다……. 그래. 책꽂이가 쓰러지고, 다음 책꽂이에 부딪히고, 또 다음 책꽂이가 쓰러지고……. 당구공처럼 연쇄적으로 일어나지. 이런 움직임을 기계론적으로 생각할 수 있는 거구나.

"야! 이 녀석! 너, 뭐하는 거야!"

아, 아프다. 나를 깔아뭉갠 책들 사이로 겨우 얼굴을 내민 나에게 도서관 선생님이 잔뜩 화를 내셨다.

"도서관을 이렇게 엉망진창으로 만들고! 똑바로 정리해 놔!"

"아니. 저기, 선생님! 제가요……."

"뭐하고 있어! 흩어진 책들 제대로 정리해!"

지금 이 경우에 목적인은 선생님의 명령인데, 동력인은 내가 되는 건가. 아, 너무 아프다. 흐흑.

나는 그 뒤 귀신같이 옆에 달싹 붙어 감시하시는 선생님의 감독 아래 5일 동안이나 수업이 끝난 뒤에 내 귀중한 시간을 희생시켰고, 서로 갈 길을 가려던 책들을 다시 모아 하나씩 모두 제자리로 돌려놓았다.

미토스 랜드와 도서관. 결과적으로 나는 요즘 학교를 떠들썩하게 만든 사건들과 연루돼 있었다. 다만 이런 소동이 벌어져 그다지 놀라지 않는 내 자신이 더 놀라웠다. 대담해졌다고 해야 할까. 이런 것들이 익숙해진 것이 무섭다.


**방과 후 옥상**

도서관에서의 소동이 있은 뒤 일주일이 지났다.

도모한테 도서관 소동에 대한 이야기를 들은 린 선배와 마리로부터 만나자는 연락을 받았다. 책 정리하느라고 근육통이 생긴 몸을 이끌고서 향한 곳은 옥상이었다. 옥상에 올라가 문을 열자 노을이 두 눈 가득 들어 왔다. 그리고 서늘한 바람이 느껴졌다. 아. 상쾌하다. 린 선배와 마리가 저 끝에 서 있는 모습이 보였다.

"꽤 고생했겠네."

린 선배는 킥킥거리며 웃었다. 최소한 미안해서라도 웃음을 안 보이려는 노력은 어디에도 찾아 볼 수 없었다.

"그 아이는 아리스토텔레스 책으로 사는 애라 이데아 세계를 칭찬하면 화내는 게 당연해."

나처럼 자기와 아무 상관없는 사람이 끼어들어서 이데아론을 지지한 것이 도모한테는 충격이라는 것이 선배의 의견이었다.

충격이라, 아무리 충격을 받더라도 다른 사람의 기분도 생각하며 처신해야 한다고 생각하는데. 역시 이 자매들은 어딘가 문제가 있음을 다시금 느꼈다.

"그런데 린 선배! 도모한테 이런 태도로 대해도 돼요? 더 듣고 싶은 것들이 있는데 말이에요."

"네 태도를 확실히 정해. **플라톤의 이데아론**이라는 초현실적 입장인지, **아리스토텔레스의 존재론**이라는 현실적 입장인지."

확실히 정해야 하나. 이런 건 나에게 가장 어려운 종목이다.

"지금 가보는 게 어때? 도모는 분명히 기다리고 있을 거야."

"화내지 않을까요?"

"반대로 후회하고 있을걸. 가서 위로해 줘."

나는 옥상에서도 살짝 보이는 도서관으로 시선을 옮겼다. 또 도서관에 있을까……. 그 선생님 보기 싫은데. 도모한테 아리스토텔레스 이야기는 들어야겠고.

근육통으로 온몸이 쑤셨지만, 나는 도서관으로 가기로 했다.


## 철학 좀비의 내습

"너, 이 녀석! 오늘도 책 '정리'하러 왔니?"

도서관에 들어서자 비꼬는 듯 웃으며 말하는 도서관 선생님의 목소리가 들렸다.

이 선생님은 왜 일은 안 하고 매번 나만 보는 거야!

"오늘은 책 보러 왔어요."

도서관 소동으로 계속 나를 예의주시하던 선생님을 적당히 안심시켜 드리고 빨리 발걸음을 옮겼다.

도모는 지난번처럼 책을 양쪽에 펼쳐놓고 무서운 속도로 책을 읽어 내려가고 있었다. 나는 근처에 가서 도모를 불렀다.

"도모야!"

정신없이 글자를 머릿속에 집어넣던 도모는 슬쩍 얼굴을 들었다.

"저기. 저……, 저는……."

상당히 당황해 하고 있었다. 또 놀라게 했나? 이제 두 번째 만남인데 뭘 이렇게 놀라지? 그때 일로 창피한가?

"……."

"미안. 지난번 일 사과하려고."

"……."

"아니. 놀라게 하려던 게 아니었는데. 미안해."

"……그, 그게 아니라."

"응?"

"……이름이요."

"이름이, 왜?"

"제, 제 이름을 그렇게 친하게 불러 준 사람이 처음이라……."

"어?"

"……저기, 언니들 말고는 이렇게 친하게 부른다는 느낌을 받은 적이 없어요."

아. 그런 말이었구나. 참 순진한 아이네. 나는 오히려 신기해서 "도모야! 어제는 미안했어."라고 말했다. 도모는 얼굴이 더 빨개지며 당황해 했다.

"그, 그만하세요!"

도모가 흥분하자 주위의 시선이 쏠렸다. 나는 도모가 철학에 집중할 수 있도록 했다.

"아리스토텔레스!"

도모의 표정이 돌변하더니 암송을 하기 시작했다.

*"큰 나무도 결국에는 거기에서 형상이 없어진다. 즉 썩어서 사라지는 것이다. 운동이란 가능태와 현실태의 순환이다. 이데아, 즉 형상이 현실 세계를 뛰어넘는 곳에서의 존재로 이야기하는 플라톤의 이야기와는 달라서……."*

"응. 그만!"

나는 도모의 안경을 벗겼다.

안경, 안경 하며 얼마간 지난번과 같은 행동을 하다 멈추고서는, 도모가 중얼거리는 것처럼 말했다.

"지난번 일은 죄송해요."

괴상한 점이나 솔직한 성격은 세 자매가 똑같다는 생각이 들면서 나도 모르게 웃음이 나왔다.

"그러면 지난번 좀비 일도 있으니까 오늘은 어디 다른 장소에서 이야기할까?"

내가 제안했다. 그러자 도모는 바로 책을 덮고 좋은 장소가 있다며 일어섰다. 그런데 도모가 갑자기 멈춰 섰다. 그리곤 "있어……."라고 중얼거렸다. 도모의 머리카락이 안테나처럼 섰다.

"혹시 좀비야?"

"……이쪽으로."

이렇게 말하자마자 도모는 뛰어서 나란히 서 있는 책꽂이들 사이로 갔다. 나도 빨리 따라갔다.

"어디에 있는데?"

"저기요! 한 명!"

도모는 멈춰서 나를 가리켰다. "나?" 내가 아니라 내 뒤에 있었다. 뒤를 돌아보니. 좀비가! 아니. 그냥 평범한 한 남학생이 있었다. 다시 보니 정말 좀비일까 하는 생각도 들었다. 역시 아무리 살펴보아도 평범한 학생, 사람이었다.

"저 사람, 철학 좀비예요."

도모가 소리쳤다.

"좀비라니! 너 말 다 했니?"

남학생이 화를 냈다. 나도 그만 한마디 보탰다.

"그래, 너무하잖아."

"요즘 마음이 없는 철학 좀비라는 게 있다던데, 진짜 그런 게 있다는 거야?"

남학생이 말했다.

철학 좀비가 철학 좀비에 대해서 이야기할 수 있는 걸까?

역시 보통 사람 같은데.

"넘어가서는 안 돼요." 하며 도모가 오른손을 펴 손바닥을 땅으로 향하게 하는 자세를 취하며 두 다리에 힘을 주었다. 어떤 자세를 취하는 것 같았다. 며칠 전 책에서 그림으로 본 라파엘로의 〈아테네 학당〉 중 아리스토텔레스 자세 같기도 하고…….

"로고스 머신건!"

도모가 외쳤다!

몸이 회오리에 감싸이며 천둥이 치는 듯 빛이 뿜어져 나오기 시작……, 뭐, 그런 일은 없었다. 얼마 동안 주위는 조용했다.

그러니까, 난 뭘 어떻게 해야 하는 거지? 내가 도모와 남학생을 번갈아 보며 망설이자, 도모는 둑이 터진 것마냥 말을 쏟아내기 시작했다.

"아리스토텔레스의 범주론(Kategoria)! 존재한다는 것은 무엇인가. '컵이 있다'고 말한 경우, 그 '있다'고 말한 것은 어떠한 것인가. 아리스토텔레스에 의하면 우리들은 존재에 대해서 '무엇으로 있는가', '어떻게 있는가', '얼마만큼 있는가', '어디에 있는가', '언제 있는가' 등의 의문을 갖는다고 했다. 그래서 '말이 있다', '달린다', '세 마리가 있다', '목장에 있다', '지금 있다'고 하는 판단을 한다고 했다. 여기에서 아리스토텔레스는 존재의 가장 일반적인 틀을 추출한다는 아주 귀찮은 작업을 세계에서 처음으로 수행했다. 그는 서술어 형식을 10개로 분류하고 이것을 카테고리아, 범주라고 이름 붙였다. ① 실체(무엇이 있는가), ② 양(얼마만큼 있는가) ③ 질(어떠한가), ④ 관계(무엇을 대하고 있는가) ⑤ 공간(어디에 있는가) ⑥ 시간(언제인가) ⑦ 자세(누워 있다) ⑧ 소유(갖고 있다) ⑨ 능동(무엇을 하고 있다) ⑩ 수동(무엇을 시켜서 하고 있다). '이것은 무엇인가'라고 묻는다면 책상이라든지 말이라는, 실체에 대한 대답을 들을 것이다. '이것은 무엇인가'라는 물음에 '세 시'라고 답하지는 않을 것이다. 이로써 인간이 사고할 때는 이러한 범주를 통해 분류정리 작업을 한다는 것이 명확해졌다!"

왜 그런지는 잘 모르겠지만, 도모는 아리스토텔레스의 범주론을 설명했다. 또 시작됐다고 생각한 나는 조금 머리가 지끈지끈 아팠다. 그런데 이런, 사태가 생각지도 못한 방향으로 흘러갔다.

남학생이 갑자기 쓰러진 것이다. 마치 꼭두각시 인형의 줄이 끊긴 것처럼, 갑자기 쫘당 쓰러졌다.

"괘, 괜찮을까?"

본능적으로 그 남학생에게 뛰어가려고 하자 도모가 가만히 있으라고 소리쳤다.

"그는 철학 좀비예요. 제가 아까 외친 로고스 머신건으로 세뇌가 풀린 거예요."

"뭐? 그러면 양호실로 데려가야 할 것 같은데……."

"괜찮아요. 양호실에 가면 안 돼요. 또 좀비가 돼요. 여기에서 눈을 뜨면 영혼이 있는 사람으로 돌아가요."

저, 정말일까?

"……책꽂이 뒤."

잠시 경계를 풀었던 도모가 중얼거렸다. 우리가 있는 책꽂이 반대편에 좀비가 또 한 명 있는 것 같았다. 도모는 책꽂이 가장 밑에 있는 한 권의 책을 가리켰다. 《존재와 시간 – 하이데거》라고 책 옆면에 쓰여 있었다. 그리고 도모는 3미터 정도 떨어진 책꽂이 앞으로 갔다.

"그 책 꺼내세요!"

말을 듣고서 바로 앉아 그 책을 힘껏 뺐다. 도모도 나와 동시에 책을 뺐다. 신기하게도 마치 보드게임 젠가처럼 책꽂이의 책들이 반대편으로 쏟아져 내리기 시작했다.

"아, 아, 아, 아악!"

반대편에서 남자 비명 소리가 들렸다. 쏟아진 책 밑에 깔린 것 같았다. 그 기분이나 통증은 내가 너무나도 잘 알고 있다.

우리가 뒤로 가보니 예상대로 남학생이 산더미가 된 책 밑에 쓰러져 있었다. 아프다고 외치는 그 학생의 귀에 도모가 아리스토텔레스의 철학을 암송했다. 그러자 그는 조용해졌다.

"지금 뭐한 거야?"

"이미……, 이런 날이 올 줄 알았어요. 하이데거의《존재와 시간》과 사르트르의《존재와 무》를 꺼내면 그 위에 있는 니체의《차라투스트라는 이렇게 말했다》가 무너질 거예요. 그러면 키에르케고르의《이것이냐, 저것이냐》가 지렛대의 원리로 날아가 이것에 맞은 헤겔의《정신현상학》이 변증법적으로 움직여, 이 위에 있는《아리스토텔레스 전집》과《플라톤 전집》이 대립하다가 가장 위에 올려진 대리석 조각상을 떨어뜨리는 거죠."

위험하구나! 그런데 얼핏 들으면 철학적인 것 같은데 결과적으로는 물리적인 피해를 주네.

"……그리고 또 한 사람……. 저쪽 책꽂이 뒤편에 있어요."

왠지 바퀴벌레를 퇴치하고 있는 느낌이 들었다.

"어떡해야 돼?"

"그럼. 저를 어깨에 태워 주세요."

"뭐라고?"

"빨리요!"

참. 이 아이도 못 말리네. 내가 여자아이를 어깨에 태우는 날이 오다니!

내 어깨에 올라탄 도모는 책꽂이 위에서 자신이 갖고 있던 아리스토텔레스의 《니코마코스 윤리학 애장판》을 힘껏 던졌다. 책은 반대편에 있다고 생각되는 좀비의 머리 위로 떨어졌다.

"좋았어!"

그리고 쿵 하고 쓰러지는 소리가 들렸다. 어떤 특별한 방법이 있던 것도 아니고 그저 책을 던져서 맞추다니 좀 황당스러웠다. 아무튼 그곳으로 가보자 내가 싫어하던 도서관 선생님이 누워 계신 게 아닌가! 나는 어딘지 모르게 속 시원했다. 도모와 얼굴을 마주보며 웃었다. 도모가 마지막 일격을, 즉 아리스토텔레스의 철학을 거침없이 쏟아냈다.


## 되찾은 철학 좀비의 인간성

좀비를 모두 퇴치하고 우리들은 급히 페리파토스로 나갔다. 도모를 따라 달려가면서 아까 일어난 일들에 대해 자세한 설명을 들었다.

철학 좀비는 결국 기계론적 자연관에 따라 인생의 목적을 잃은 사람들이었다. 그리고 그런 그들에게 목적론적인 사고를 하도록 해서 인간성을 되돌려 주는 것이 기리시마 자매의 사명이라고 했다. 그리고 그렇게 하기 위해서 로고스 머신건이 효과적이라고 했다.

"로고스 머신건?"

"……네. 철학을 설명하면 좀비의 뇌가 견디지 못해요. 마치 뇌의 회로에 과부하가 걸려 합선되었다가 재부팅되는 거라고 볼 수 있어요. 문제가 생긴 사고 회로가 회복되면서 잃어버렸던 원래 영혼을 되찾는 거예요."

"그렇구나. 네 말대로라면 철학 내용이 너무 어려워서 머리가 아파 쓰러지는 걸 수도 있겠네. 원래 아무 생각 없이 살고 있었으니까."

"그렇지요."

완전히 예전의 내 모습이었다. 예전의 나는 매일 벌어진 일들을 처리하기만 할 뿐이었다. 내 즐거움이란 텔레비전을 보거나 게임을 하고 닭튀김을 먹는 정도였다. 어쩌면 나 역시 좀비와 같은 삶을 살고 있었을지 모른다. 이번 일로 도모를 정말 다시 보았다. 이런 기술을 사용하다니 역시 기리시마 자매 중 최강인 동생이라는 말이 터무니없는 얘기가 아니었다.

"그런데 아직 궁금한 점이 있어. 도모야. 나는……."

"아, 저……. 저는요……."

참, 이렇게 이야기하면 부담스러워 하나. 귀찮네, 참.

"아리스토텔레스."

그러자 역시 암송이 시작되었다.

"인공물의 경우는 나무 조각이 가능태, 만드는 행위가 일어난 것, 예를 들면 헤르메스 조각상이 현실태다. 생물의 경우는 몸의 재료가 가능태, 발생이 일어나 감각능력이 영혼이며, 이 감각능력을 활용해서 현실 활동이 이루어진다. 지식의 경우는 지식을 학습할 수 있는 가능성을 갖는다. 이 상태가 가능태, 여기에 학습이 작용하여 현실태가 되어 간다. 그리고……."

"여기서 그만!"

안경을 벗겼다.

"미안, 미안. 그런데 아리스토텔레스는 플라톤이 세운 학교에서 배운 것 같던데."

무심코 말해 버렸다.

"아리스토텔레스는 17세에 아테네로 건너가 아카데미아에서 플라톤이 죽을 때까지 약 20년간 있었다. 아리스토텔레스는 플라톤이 죽은 뒤 아테네를 떠나 마케도니아로 갔다. 당시 마케도니아 왕 필리포스 2세의 부름으로 아리스토텔레스는 왕자 알렉산더의 선생이 되었다. 왕자 알렉산더 대왕은 페르시아 제국을 무너뜨리고 서쪽으로는 이집트에서부터 동쪽으로는 인더스 강유역까지 지배하게 되었다. 아테네로 돌아온 아리스토텔레스는 리케이온이라는 학교를 열었다. 그는 제자들과 학교의 페리파토스, 즉 두 개의 기둥 사이에 만들어진 길(회랑)을 한가롭게 거닐며(소요하며) 의견을 나눠 그들의 학파를 페리파토스학파, 또는 소요학파라고 부른다. ……."

"여기서 그만!"

나는 다시 도모의 안경을 벗겼다. 도모는 역시 공중에 손을 허우적대고 있었다. 이제는 너무 자연스러운 풍경이 되었다. 정말 미안해, 도모야.


## 인생이 공허하다고 느끼게 하는 생각

도모와 둘이서 걸어가다가 목적지에 도착했다.

"여기, 좋아요."

도모의 얼굴에 생기가 돌았다.

이곳은 이과 수업을 받기 위해 온 적이 있었다. 식물원이다. 거대한 유리로 만들어진 시설에 도모는 익숙한 듯 들어갔다. 나도 곧바로 도모를 따라 들어갔다. 상당히 습기 차고 너무 더웠다. 약간 어두운 안쪽으로 들어가자 식물원의 실체가 점점 보였다. 크게 자란 푸르른 잎사귀들과 화려하게 핀 꽃들. 마치 깊은 숲 속에 들어온 느낌이었다. 가벼운 발걸음으로 거니는 도모의 이야기를 들으니 도모는 매일 이곳에 오는 것 같았다. 아리스토텔레스의 철학과 이 식물원은 어딘가 잘 어울렸다. 도모는 큰 나무 옆으로 가 섰다. 무성한 식물들에 둘러싸여서 말이 없어진 도모는 주위 풍경에 동화된 것처럼 보였다.

"아리스토텔레스는 생물학에도 많은 힘을 기울였다⋯⋯." 라고 도모가 중얼거렸다.

"자연철학자와 같구나."

"네. 옛날에는 철학자가 모든 학문을 담당했어요. 동물학, 식물학, 모두 철학의 일부였지요. 식물을 생각하면 오빠가 찾는 인생의 의미도 알게 될 거예요."

도모는 큰 나무를 살짝 만졌다.

"모든 존재는 목적을 갖고 변화해요. 그러니까 식물도 목적을 갖고 있죠."

"식물도?"

도모가 조용히 고개를 끄덕였다.

"우주의 모든 것은 목적을 갖고 있어요."

"어렵다. 인간이 만든 사물이라면 분명한 목적이 있겠지만. 그런 것처럼 식물에도 목적이 있단 말이지?"

"네. 인공물에도, 자연물에도 목적이 있어요. 쉽게 예를 들자면, 씨앗들도 초목이 될 목적을 갖고 있잖아요."

"아. 그렇지. 유전자의 프로그래밍과 비슷하네. 생물에도 있겠지. 그런데 우주의 모든 것이라니. 산이나 강에도 목적이 있단 말이야?"

"네. 있어요."

그 말은 어딘가 좀 이상했다. 산이나 강은 그냥 존재하는 게 아닐까 하는 생각이 들어서였다.

"혹시 산이나 강은 인간이 놀러 가라고 있는 것 아닐까? 히히."라고 농담을 던졌다.

"그렇게 접근하는 방법도 있어요. ……하지만 산은 암석이나 흙 등의 질료를 갖고 있고, 산 모양으로 형상을 갖고 있어요. 산이 만들어지는 과정에서 산이 된다는 목적이 작용해서 그렇게 되는 거예요."

"그것은……. 뭐랄까. 자연 속에 마음 같은 것이 섞여 있다고 생각하는 것 같네?"

"네. 근대 철학자 **데카르트**가 마음과 사물을 분리했어요. '돌은 땅이 있는 곳에 떨어진다.' 이것이 **아리스토텔레스의 목적론**이에요. 데카르트는 이것을 부정했어요. 돌은 기계적으로 그저 떨어질 뿐이라는 거죠."

"아. 그런데 그 말이 상식적인 것 같은데. 인력으로 끌어당

기니까 어떤 목적도 없이 떨어지는 거 아니니?"

"그러니까……. 아니에요. 그렇게 생각하면 인간에게도 해당되니까 인생이 공허해지는 거예요. 그저 살아갈 뿐……. 마치 돌이 떨어지는 것처럼 말이에요."


## 쾌락은 진정한 행복이 아니다

도모의 이야기를 듣다보니 마치 식물들도 마음을 가진 것 같았다. 성장하는 목적을 갖고 살고 있다. 있을 수 없는 말은 아니다.

"우주의 모든 것은 목적을 갖고 있다는 거지? 물론 인간도 말이야."

"네."

"그 목적이라는 것은 지난번에 알려 준 최고선이야?"

"네."

"그런데 조금 구체적이라고 해야 하나. 예를 들거나 아무튼 쉽게 좀 설명해 줘! 오늘은 이데아 같은 거 말하지 않을 테니까."

"……괜찮아요. 오늘은 울지 않을 거예요."

정말 바라는 바야.

"우리들은 무엇을 위해 살아가는 거야?"

정말 어려운 질문을 했다. 과학이 첨단으로 발전한 현대에서도, 아무리 훌륭한 사람들에게 물어봐도 대답은 제각각이다. 일하는 사람에게 묻는다면 돈을 벌기 위해 산다고 대답할지도 모른다. 만일 먹기 위해서 산다고 대답하면 본말이 전도된 말을 하는 것이고. 우리 아버지께 여쭈어 본다면, 이런 생각할 여유 있으면 공부나 하라고 화를 내실지도 모른다. 어쩌면 죽는 것이 낫다고 말씀하실지 모른다. 자기실현을 위해 산다는 대답은 멋있기는 하지만 모두가 생각하지는 않을 테고. 모든 인류가 평화롭게 살기 위해서라는 대답도 마찬가지겠지. 결국 인간은 무엇을 위해 사느냐에 대한 질문에 한마디로 대답할 수 없을 거다.

도모는 걸어 다니면서 식물 잎을 만지거나 곤충 날개를 만지며 "너, 예쁘구나." 하면서 중얼거렸다. 잘은 모르겠지만, 우선 답을 듣고 싶었다.

"그것은……"

입을 연 도모는 다시 큰 나무 밑으로 가서 섰다.

"**행복**하기 위해 사는 거예요."

아……. 너무 당연하잖아! 누구나 행복을 목표로 사는 것은 당연한 말 아냐!

"행복?"

"네."

"당연하잖아……."

무심결에 말해 버렸다. 그러자 도모는 털을 세운 고양이처럼 나를 째려보았다.

"당연하지 않아요!"

"그, 그런가? 나도 행복해지길 바라거든."

"그러면 행복이란 뭔데요?"

"으, 음. 그게 말이지. 그래. 맛있는 거 먹고, 재미있는 텔레비전을 보고, 재미있는 게임 하고, 가게에서 닭튀김 사서……. 참. 이것은 맛있는 거에 포함되나? 그리고 말이야. 콜라를 마시는 거지. 참. 이것도 그렇지. 달콤한 낮잠을 자는 것도 행복하지. 그리고……."

나 지금 무슨 말을 하는 거지. 목적 없는, 타락한 일상을 말하고 있는 거잖아!

도모는 어이없다는 듯 차가운 시선을 보내며 말했다.

"그것은 **쾌락**을 목적으로 하는 삶이에요."

그렇다. 쾌락이 행복하다, 나에게는.

"즐거운 것을 바라면 안 되는 거야?"

"행복은……. 어려워요. 돈이 있으면 행복한가요? 지위가 높으면 행복한가요? 아리스토텔레스는 이러한 것을 행복이라고 부르지 않았어요."

"너는 가게에서 닭튀김을 사서 먹으면 행복하지 않니? 라면이나 과자 같은 것은 어때? 참, 케이크나 빵 안 좋아해?"

"그것은 쾌락이지 진정한 행복이 아니에요."

"그러면 뭐가 행복한 건데? 대체 아리스토텔레스는 어떻게 살았어?"

나도 모르게 따져 묻게 되었다. 도모의 안경이 순간적으로 빛이 났다.

"아리스토텔레스에 의하면 행복이란 인간의 고유한 작업, 즉 로고스를 동반한 영혼의 활동에서 찾는 것이라고 했다. 즉, 덕, 아레테(arete)를 기본으로 한 영혼의 활동이야말로 행복이다. 덕이란 인간의 고유의 탁월한 기능을 의미한다. 그 능력을 최대한으로 활용하는 것이다. 따라서 능력을 최대한 발휘할 수 있으면 행복한 것이다. 그러면 어떻게 하면 행복해질 수 있는 것일까? 우선은 힘들 때나 슬플 때 어떤 태도를 취하느냐에 따라서 영혼의 선이 결정된다. 일어난 일에 대해 감정이 생기는 것은 자연스러운 일이기 때문에 그때에는 선택의 여지가 없다. 그렇지만 우리들이 취하는 태도에는 선택의 여지가 있다. 여기에서 아리스토텔레스는 우리들이 어떠한 선택을 해야 하는지에 대한 하나의

*기준을 제시하고 있다······."*

나는 그만 익숙한 자세로 도모의 안경을 벗겼다. 그리고 바로 입을 열었다.

"아리스토텔레스가 말하는 행복이라는 것은 쾌락이 아니네. 음. 너무 빨리 이야기해서 내가 제대로 들은 것인지 모르겠는데, 자신의 **능력**을 최대한으로 발휘하는 게 행복이라는 거야?"

도모가 공중에서 안경을 잡으려고 하며 대답했다.

"네. 감각적인 쾌락이라는 것은 일시적인 것이기 때문이에요. 아리스토텔레스는 행복을 모든 선 중 최상의 것이고, 쾌락은 모든 것 중에서도 가장 저속한 것이라고 이야기했어요."

기분 좋은 것이 행복한 것이다. 이것이 현대인의 일반적인 생각일 텐데 신기하게도 고대 그리스에서는 그렇지 않았구나. 참 이상하네.


## 중용으로 산다

안경을 다시 끼고서 도모는 말을 계속했다.

"그런 인생을 살기 위해서는 **중용**이 필요해요."

"중용?"

"가장 가운데라는 말이에요. 능력을 최대한 발휘하기 위한 최고의 지점이죠."

"그게 중요해? 왜?"

"다양한 감정에 대해서 심하게 강하거나 약하게 반응하지 않는 거예요. 그 중간을 취하는 거죠. 비겁과 만용의 중용은 용기죠. 무엇이든지 중간을 취하는 게 중요해요."

"그렇구나. 어떤 행동이든지 중간을 취하면 되는 거네. 그러면 그 예로……. 아침에 일찍 일어나기에 중용은?"

"3시면 빠르고 9시면 늦지요?"

"너는 6시에 일어나겠구나?"

내가 웃자 도모는 약간 창피한 듯이 얼굴을 붉혔다.

"무엇이든지 가운데 있는 것이 좋다니, 아리스토텔레스도 꽤 이해하기 쉽게 말했구나."

도모가 고개를 끄덕이며 말을 퍼부었다.

"*아리스토텔레스는 분류와 정리를 잘하는 사람이다. 이것은 윤리학에도 미치고 있다. 덕에는 지성적 덕과 습성적 덕이 있다. 지성적 덕이란 교육으로 지성을 높여가는 것을 의미한다. 이에 비해 습성적 덕은 경험 속에서 얻을 수 있는 것이다. 우리들은 올바른 행동을 함으로써 올바른 사람이 되고, 용감한 행위를 함으로써 용감한 사람이 된다.*"

내 귀도 상당히 둔감해졌는지 도모가 쏘아대는 로고스 머신건도 묵묵히 잘 들을 수 있게 되었다.

## 인간은 사회적 동물이다

도모는 웅크리고 앉아서 풀을 관찰하다가 뭐라고 혼자 중얼거리고 있었다.

"……나도 고민되는 것이 있어."

앗. 설마 고민상담? 때로는 나에게도 의지할 수 있는 면이 있다는 것을 보여줘야겠지. 도모야, 이 오빠에게 상담하렴.

나는 우선 "철학하는 사람도 고민 같은 게 있어?"라며 속 보이는 질문을 했다.

"그게 뭐……. 저는 철학을 실천할 수 없어요."

"실천?"

"아리스토텔레스는 '인간은 사회적 동물이다'라고 말했어요. 그런데 저는 외톨이에요. 전혀 사회적이지 않아요."

그렇구나. 도모에게 이런 고민이 있었다니!

"모두들 조금씩은 그래. 사람을 만나는 것이 귀찮다든지, 다른 사람에게 어떻게 보일지 신경 쓰여."

그러자 도모의 표정이 약간 밝아지면서 "정말 그래요?"라고 나에게 물었다.

"정말이야. 진짜! 나도 사람들과 이야기할 때 다른 사람에게 상처 주지 않았는지 신경 쓰이거든. 말을 골라서 하려고 하지만 긴장해서 결국 쓸데없는 말을 하고 나중에 후회하기도 해. 밤에 이불 덮고 누워서 말이야. 그날 했던 일들이 텔레비전 화면처럼 흘러가면서 실수했단 생각이 들어. 그럴 때는 다음 날 다시 만나면 어떻게 할지 고민해. 그런데 사실 상대방은 아무런 생각도 하지 않았을 때가 있어. 내 마음대로 생각했었던 거지. 요즘 난 린 선배에게 또 배웠어. 묻고 대답하는 문답이 중요하다는 걸 말이야."

"문답으로 상처받거나 상처를 주지는 않았어요?"

"상처받고 상처 줬지."

특히 발차기로 상당한 상처를 입었지.

"하지만 문답으로 진심을 이야기하면 혼자서 힘들어하지 않아도 되거든. 아리스토텔레스도 인간은 사회 속에서 살아야 한다고 말했잖아."

"맞아요. 아리스토텔레스는 이렇게 말했어요."

도모는 머릿속에 담겨 있는 책 내용을 말하기 시작했다.

"……교제라는 것은 무엇보다도 명백한 사랑의 표징임과 동시에 또한 무엇보다도 많은 사랑을 만들어 내는 것이라고 생각할 수 있다. 젊은 사람들은 바로 친구가 되지만 노인들은 그렇게 되지 않는 이유다. 사실 사람들은 자신이 즐거움을 느끼지 않는 상대방과 친해지지 않기 때문에 대하기 어려운 사람들과 친해지지 않는 것 또한 역시 같은 이유에서다. 다만, 통하는 사람들에게 호의적이 될 수 있다. 호의적인 사람들도 서로에게 선을 바라며, 도움이 되는 행동을 하기 때문이다. 하지만 그들이 완전한 의미에서 가깝게 사랑할 수 없고 진정한 친구가 될 수 없는 것은 일상을 함께하지 않고 상대방에게 즐거움을 느끼지 않는 까닭밖에 없다……."*

나는 더 이상 말을 막지 않았다. 이 아이는 자신의 약점을 극복하고 행복한 인생을 살겠다는 목적을 갖고 있음을 깨달았다. 인간뿐만이 아니라 우주 모든 것이 목적으로 하는 최고선을 향해 한 걸음 한 걸음 다가가고 있었다.

그리고 또 한 가지. 아까부터 식물원의 유리 창문 밖에 자연스럽지 않게 어슬렁거리는 몇십 명의 무리들이 보였기 때문이다. 식물원은 어느새 철학 좀비들에게 둘러싸였다. 그 증거로 아리스토텔레스의 말을 암송하는 도모의 머리카락이 조금씩 서기 시작했다. 도모의 로고스 머신건이 움직일 때다.

---

* 《니코마코스 윤리학》에서 인용: 아리스토텔레스 저, 다카다 산부로 역, 이와나미 쇼텐.

## 눈을 뜨다

우리들은 식물원에서 나왔다. 이번 좀비들은 도서관에 있을 때처럼 만만해 보이는 수가 아니었다. 물론 모두들 공격할 태세였다.

"뛰어!"

수가 너무 많았다. 도모의 암송이 통할지 알 수 없었다. 나는 도모의 팔을 잡고 뛰었다. 좀비는 느끼지 못하는 무감정의 사람들이다. 이제는 육체적으로도 안전할 것 같지 않았다. 그들은 전력을 다해 우리를 뒤쫓았다. 좀비는 순식간에 우리들을 둘러쌌다.

나는 도모가 빨리 로고스 머신건을 쏘길 바랐다. 그러나 도모는 너무 숨이 찼는지 평소처럼 말을 잘 하지 못했다.

"아리스토텔레스의 존재론은……."이라고 말하면서 헉헉대며 괴로워했다. 이렇게 하면 효과적이지 않다. 나는 결심했다. 내가 해야겠다고 말이다.

"소크라테스는……. 음, 문답법이, 그, 그 아름다움 자체로, 휴."

전혀 안 됐다. 계속해서 말을 한다는 것이 생각보다 어려웠다. 좀비들은 점점 다가왔다.

이대로 당할 수만은 없는데!

좀비 중 한 명이 도모의 팔을 잡았다. 무서운 것이 없어 보였다.

"캬아악!"

초조해하지 말자. 지금까지 공부했던 것을 복습하면 되는 거야! 이상한 힘이 내 마음 속 깊이 가득 찬 것 같았다. 도모의 비명 소리와 함께 무심결에 말이 터져 나왔다.

*"그리스 철학은 아르케가 무엇인가 하는 질문에서 시작했어. 이것을 자연철학이라고 하지. 아르케를 추구한 사람들을 자연철학자라고 해! 우리들의 세계는 변화로 가득 차 있고 다양한 것들이 흘러넘치지. 하지만 이러한 것들을 하나의 원리라고 설명하고 싶은 거야! 해야만 하는 것이지! 변하는 세상 속에서 절대로 변하지 않는 원리가 분명히 있어!"*

좀비들의 발이 멈췄다. 내 로고스 머신건을 듣고 서 있었다. 로고스를, 철학을 하기 위한 이성을 찾고 있으면서도 동시에 혐오스러워하는 철학 좀비들이다. 이들은 철학을 알고 싶지만 알고 싶지 않아 하는 갈망을 숨긴 인간들이다. 나는 계속 이야기했다.

*"철학의 아버지라고 불리는 탈레스는 만물의 근원은 물이라고 했어. 그리고 헤라클레이토스는 만물은 유전한다고 말했지! 이 세상은 강물이 흐르듯이 한순간도 멈추지 않는 세상이기 때문에 사람은 같은 물에 두 번 들어갈 수 없어!"*

좀비 중 몇 명이 쓰러졌다. 효과가 있다는 것을 느끼고 더 집중해서 계속 말했다.

"이 만물유전설과는 반대로 변하지 않는 것이 있다고 설명한 철학자가 있어! 수학자인데, 피타고라스의 정리로도 유명한 피타고라스야! 그는 만물의 원리를 '수'라고 했어!"

철학 좀비들은 점점 쓰러져 갔다. 남은 것은 열 명 정도였다.

"철학으로밖에 알 수 없는 것들이 있지. '정의란 무엇인가', '선이란 무엇인가'와 같은 질문이야! 이것은 고대 그리스 시대에 시작해서 현대의 우리들과도 관계가 있고, 답도 확실히 나와 있지 않아! 그렇기 때문에 철학을 해야만 하는 거야! 아테네 민주주의 제도가 발전하면서 변론술에 능숙한 소피스트가 활약했지! 소피스트는 상대주의를 제창한 사람들이야! 소피스트 중 한 명인 프로타고라스는 만물의 척도는 인간이라고 말했어!"

내 입으로 쏘는 로고스 머신건은 상당히 강력한 것 같았다. 아마도 세 자매에게서 배운 것을 열심히 복습하며 이해하기 쉽게 정리해서 좀비의 영혼 구출에 효과적이었을 것이다. 도모는 옆에서 눈을 휘둥그레 뜨고 있었다.

"당시 그리스에서는 이 세상을 자연과 법으로 나눴지! 상대주의자들이니까 법률이나 관습 등은 인간이 결정하는 것이어서 선이나 정의 등의 의미는 때나 경우에 따라 달라진다고 했어! 그러나 그래서는 안 돼! 경우에 따라서도 달라지지 않는 확고한 무엇인가가 있는 것이 분명해!"

좀비는 쓰러져서 세 명이 남았다.

"상대주의에 대항해서 소크라테스는 누구나 마음속에 진리를 갖고 있고, 이것은 모두 같은 것이라고 생각했어! 게다가 플라톤은 소크라테스가 계속 물었던 '~은 무엇인가?'라는 본질에 대한 질문에 하나의 대답을 도출했어. 그것이 이데아야! 이데아란 현실과는 다른 세계에 있는 모든 사물의 본질이지! 플라톤은 이렇게 생각했어! 인간은 모든 것을 이데아의 빛을 바탕으로 판단한다! 소크라테스가 찾았던 객관적 진리를 플라톤은 이 세상을 초월한 곳에 절대적 기준인 이데아가 존재한다고 한 거야!"

결국 좀비는 쓰러져 마지막 한 사람만 남았다. 그런데 이 마지막 한 사람은 모자를 깊게 눌러 쓰고 있어서 얼굴이 보이지 않았다. 그리고 날 무서워하지 않는 듯, 나를 향해 사뿐히 발을 뗐다.

뭐지? 저 사람은?

"역시. 네가 내 앞에 섰구나. 기리시마 린의 제자!"

설마!? 그 사람은 모자를 허공에 던졌다. 실이 풀리듯이 금발머리가 찰랑거리며 휘날렸다. 얼굴을 보인 사람은 다름 아닌 아이 선배였다!

## 사회 속의 공통된 목적

"철학 좀비에게 쓰는 마지막 비법, 로고스 머신건은 역시 무섭지……. 기리시마 도모를 쫓아왔는데 이렇게 너를 만날 줄은 몰랐어. 의외로 운명의 이끌림 같은 것이 있을지도 모르겠네."

역시 좀비 군단을 지휘했던 것은 아이 선배였구나!

"이미 눈치챘을지도 모르지만, 아틀란티스 계획은 착실히 진행되고 있어. 너희들도 슬슬 단념하고 좀비가 되는 것은 어때? 호호호!"

"선배는 왜 모두 하나가 될 수 있는 진리를 추구하려고 하지 않는 거예요?"

"후훗. 나는 모두들 제각각의 가치관을 갖는다고 말했잖아. 모두가 고마워할 생각을 많은 사람들에게 주고 있을 뿐이야. 그렇게 하면 귀찮지도 않고 아무런 생각을 하지 않아도 돼."

나도 예전에는 그렇게 생각했었다. 하지만 지금은 다르다.

"좀비를 증식시키는 것이 바르다고 생각하세요?"

"좀비라는 것은 결과에 불과해. 나는 근본적으로 모든 가치관이 제각각 달라도 된다고 생각해. 현대인이라면 누구나 생각하고 있는 상대주의 사상을 갖고 있는 거지. 자기 머리로 생각하지 않는 사람들이 많아서 지하철 같은 경우, 다리를 넓게 벌리고 앉지 말라든지, 큰소리로 말하지 말라고 일부러 포스터를 만들어 붙여야 하는 시대잖아. 좀비는 모두들 각자 마음대로 한다는 생각이 만든 하나의 결과야."

"선배의 생각도 알겠어요. 모든 현상은 분명히 상대적일지 몰라요. 하지만 그 상대적인 생각을 인간의 **도덕적인 면**에서 넓히면 안 돼요. 선과 악, 정의와 악 등의 판단까지 상대화시키면 파괴되는 것은 결국 사회예요. 사회가 엉망진창이 되는 거라고요!"

나는 이제 옛날의 내가 아니었다. 절대적인 진리와 선, 아름다움을 추구하는 철학 전사가 되었다.

"너, 너무 현실을 모르네. 현실을 보라고. 이 세상의 정의는 **힘의 정의**야. 강한 것이 정의이고 살아남는 것을 정의라고 해. 정의는 어디 다른 세계에 존재하는 것이 아니란 말이야."

내 말로는 아이 선배를 막을 수 없었다. 철학 좀비는 쓰러뜨려도 아이 선배에게는 통하지 않았다. 아이 선배가 몰아붙였다.

"절대적인 선이 어디엔가 있다고 말하는데, 그러면 어디에 있을까? 어디에 있는지 너는 조금이라도 느낌이 오니? 달고 맵다고 느끼는 것도, 춥고 덥다고 느끼는 것도, 길고 짧은 것도, 존재하는 모든 감각이 상대적인 이상, 그것은 인간이 마음대로 판단해서 결정한 거야. 잘 들어! 감각이라는 건, 인간이 정말 실제로 느끼는 것조차 상대적이라면, 인간이 마음대로 정한 선이라든지 악이라는 것은 상대적인 것이 당연하지! 절대적일 수가 없어!"

안 된다. 나는 아이 선배를 쓰러뜨릴 수가 없다. 오히려 내가 상대주의에 빠져버릴 것 같은 순간, 도모가 아이 선배 앞으로 나갔다.

"선악이 사람마다 다르다. 이 말은 알겠어요. 하지만 사회 속에서 칭찬을 받거나 비난을 받는 것은 어떤 근거가 있을 거잖아요. 누구에게나 올바른 하나의 것이요."

"나왔구나. 명상소녀. 이거 어쩌지. 그런 건 없어."

"있어요. 아리스토텔레스의 철학에서 주장하는 거죠. 사람은 혼자서 살 수 없다. 인간은 **사회를 만드는 생물**이다. 그래서 인생의 선을 달성하는 것은 그 사회 속에서 결정된다. 사람마다 제각각의 다양한 가치를 지향하는 것이 아니라 **사회 전체의 선**을 지향해야 한다."

아이 선배가 주장하는 생각은 가치관이 모두 제각각 달라 개인 각자마다의 이상향을 갖는 것으로, 사회의 존재를 인정하지 않는 입장에서 생기는 것이다.

도모는 이 의견에 반론을 펼치고 있는 것이다. 인간은 사회가 있기 때문에 살 수 있다고. 이렇게 되면 모두 제각각인 사람을 어떻게 통일해 나갈 것인가 하는 문제에 봉착한다.

도모가 확실히 아이 선배와 대치했다.

"누구에게나 공통된 무엇인가는 반드시 있어요. 가치관이 모두 제각각이라고 해도 모든 것이 **존재**하는 것은 공통된 점이죠. 그리고 그 존재는 목적을 갖고 진행해요. 최고선이라는 목적을 갖고요."

인공물도, 식물도, 인간도 목적을 갖고 있다. 그리고 그 목적을 알면 모든 사람이 어떻게 살아야 할지를 알 수 있다. 누구에게나 올바른 것도. 나는 도모의 말에 희망이 보였다.

나는 아이 선배에게 물었다.

"선배는 무엇을 위해 사세요?"

선배는 갑작스러운 질문에 당황해 하는 것 같았다.

"왜 그러는데? 나에게 그렇게 우매한 질문을 하다니!"

"가르쳐 주세요. 사람은 무엇을 위해 살고 무엇을 위해 죽어가는 거예요?"

선배는 팔짱을 끼고서 나를 바라봤다.

"그럼. 한 수 가르쳐 주지. 인생은 즐기기 위한 거야."

"즐기기 위해서라고요?"

"그래. 놀지 않고서는 살 수 없어. 즐겁게 놀지 않고는 살 수 없지. 인생은 놀기 위해, 즐거움을 느끼기 위한 거야."

참 낙관적이시네.

"아니에요. 사람이 사는 의미는 그런 향락적인 게 아니에요. 더 제대로 된 목적이 있어요. 분명히."

"세상은 단순해. 꽃을 피우기 위해 물을 주지. 사람도 살기 위해 먹는 거야. 목적은 확실해. 목적은 눈앞에 있어."

"틀렸어요. 일상의 욕구를 채우는 것만으로는 허무함을 없애지 못해요."

"무슨 말인지 전혀 모르겠네."

"욕구는 다음, 그리고 또 다음. 계속해서 넘쳐나는 거예요. 욕구의 욕구, 그 다음 욕구로 영원히 반복되는 거라고요."

"……."

이번엔 도모가 입을 열었다.

"지금 이 순간에 만족으로 가는 **선한 목적**을 찾지 않는다면 행복할 수 없어요."

아이 선배도 필사적으로 반격을 가했다.

"내 이야기하고 뭐가 다르니? 지금 이 순간에 만족하는 것이 선한 목적이라면 음악을 듣는다든지, 먹는다든지, 춤을 추는 것. 눈앞에 있는 욕구를 채우는 것이 그런 것들이잖아."

"그런 것들이 아니에요. 하나의 욕구가 다른 욕구를 위해 원하는 것이기 때문이죠. 다른 것을 위해서가 아니라 그 자체를 위해서 원하는 것이 필요해요. 다른 모든 것이 그 자체를 위해 원하는 궁극의 목적인 최고선이요."

"역시 무슨 말을 하는 건지 모르겠네. 하나만 확실하다는 거. 최고선이라고 했던가? 우리는 그게 필요하지 않다고 말하지."

아이 선배는 이렇게 말하고 휙 돌아서 가버렸다. 멀어지는 선배의 뒷모습이 조금은 쓸쓸해 보이는 건 나 혼자만의 착각일까?


## 개인에서 사회로

우리들은 눈앞의 욕구에 사로잡혀 자신을 잊어버린다. 그리고 이 세상의 의미는 무엇인지, 어떤 목적이 있는지 질문을 던진다. 하지만 이것으로 괜찮다. 눈앞의 욕구에서 인생 전체의 목적으로 눈을 돌리면 새로운 세계가 열린다. 그러기 위해 이성을 활용해서 일상적인 모든 것을 철학적으로 생각하는 것이다. 이렇게 하면 인생의 모든 것에 의미가 생긴다.

"아……. 오늘은, 참 피곤한 날이다."

도모가 혼자 말했다. 분명히 잘 모르는 다른 사람에게 당당히 자신의 이야기를 했으니 상당히 피곤했을 것이다. 하지만 이번이야말로 도모는 확실히 사회와 소통했던 것이 아닐까.

나는 살짝 도모의 어깨에 손을 올렸다. 격려해 주고 싶었던 내 마음이 전해졌는지 도모는 생긋 웃으며 나를 바라보았다.

작은 목소리였지만 확신에 찬 목소리로 도모가 말했다.

"아리스토텔레스의 철학은 개인에서 사회로 이어졌어요. 개인의 문제는 사회와 불가분의 관계죠. 그렇기 때문에 아틀란티스 계획은 막아야 해요."

"응."

"인간 공동체 속에서 달성되는 선을 찾는 거예요."

"응, 그래."

"그리고 개인이 선을 향하기 위해서는 개인의 능력을 최고 선으로 끌어올리는 것이 필요해요. 테니스를 아주 잘 치는 사람의 능력을 키우기 위해서는 뛰어난 테니스장이 필요하죠. 학문에 재능이 있는 사람에게는 뛰어난 학교가 필요……."

"환경이 중요하구나."

"네. 그러기 위해서 **정치**가 확실히 이루어져야 해요. 개인의 능력이 향상될 수 있도록 말이에요. **공공의 선**으로요."

"정치라……."

개인의 능력을 발휘해 모두와 공통된 선으로 나가기 위한 정치.

이것이 가능하려면 대화를 통해 깊은 논의를 할 필요가 있다. 플라톤이 쓴 책에서는 소크라테스가 대화 상대와 여러 가지의 논쟁을 반복한다. 소크라테스는 대화 속에서 상대방의 말속에 있는 그 문제점을 지적했다. 린 선배가 나에게 아름다움이란 무엇인지 계속해서 물었던 것처럼.

플라톤의 이데아는 아리스토텔레스에 의해서 현실적으로 고쳐 해석되었다. 그가 말한 목적은 우리들이 사는 사회 전체의 의미를 생각하게 한다. 우리들 개인 각자가 철학의 대화를 해 감으로써 작은 파도가 큰 파도가 되듯이 사회 전체를 움직이는 원동력이 되는 것이다.

소크라테스, 플라톤, 아리스토텔레스로 이어진 고대 그리스 철학이 인간들의 **공동체**로 이어져 간다. 내 마음속의 문제는 모든 인간과 공통되는 문제다. 나 혼자서 머리 싸매고 생각해서 풀릴 문제가 아니라, 계속되는 대화를 통해서 서로 나누는 것이 중요하다.

그리고 이것은 아틀란티스 계획을 막아야 한다고 알려 준다. 왜냐면 아틀란티스 계획은 사람들을 생각하지 못하게 만들어서 사람과 사람이 이어지는 고리를 끊으려는 음모이기 때문이다.

## 아리스토텔레스의 철학

"아는 것이야말로 진정한 행복이고 최고선이다."

**아리스토텔레스**Aristoteles (B.C. 384~B.C. 322)

플라톤의 제자다. 모든 학문의 아버지라고 불리며, 그의 방대한 연구는 훗날에 모든 학문의 기초가 되었다. 독자적인 형이상학체계를 만들어 냈으며 '리케이온'이라는 학교를 열었다. 또한 페리파토스학파를 형성했다. 저서로는 《니코마코스 윤리학》과 《정치학》 등이 있다.

아리스토텔레스는 이데아론을 비판했다. 현실 세계를 떠나서 독립적으로 존재하는 이데아를 인정하지 않은 것이다. 현실의 개별 사물에 그 본질인 형상이 내재하고 그것이 생성하고 발전하여 변화를 초래했다는 현실주의의 철학을 주장했다.

관찰과 경험을 합쳐 천문학, 기상학, 생물학, 생리학 등 과학적인 연구에서 시학, 정치학, 윤리학, 형이상학 등까지 모든 학문 분야를 체계적으로 조직화했다.

모든 것은 목적을 갖고 있으며, 그 목적은 선을 향해 간다는 목적론적 자연관을 제창했다.

《니코마코스 윤리학》

　도덕에 관한 아리스토텔레스의 철학을 담은 책이며, 총 10권으로 구성되어 있다. 아리스토텔레스가 자신의 학당인 '리케이온'에서 사용했던 강의 노트를 바탕으로 지은《니코마코스 윤리학》은 도덕적 행동의 습관화를 통해 성품을 고양하는 것에 초점을 두고 있으며, 도덕 문제를 개인의 성품과 능력에 비추어 다루고 있다.

　아리스토텔레스의 윤리학이 관심을 가지는 것은 인간의 행복이다. 책 전체에 등장하는 숱한 세부적 문제들과 숱한 관련 논변들은 모두 '어떤 삶이 행복한 삶인가'라는 하나의 문제에 집중한다.

　폭넓은 지식과 다양한 사례를 바탕으로 인간의 삶이 궁극적으로 추구하는 것은 무엇인가에 대한 물음을 던지고, 명쾌한 논리로 그 해답을 제시하고 있다. 서양 철학의 윤리학이라는 분야에 이론적 토대를 마련한 책으로서 체계적인 윤리학 서적으로 평가받는 철학의 고전이다.

episode
4

세계를
변화시켜라!

마이클 샌델,
공동체의 정의 그리고 세계의 앞날

## 상대주의의 말에도 일리는 있다?

인간은 혼자 행복해질 수 없다. 인생을 행복하게 살기 위해서는 사회라는 **공동체** 안에서 같은 목적을 향해 나아가야 한다. 사람들을 둘러싼 사회에서 누구에게나 공통된 올바른 것을 향해 살아야 하는 것이다. 이것이 소크라테스에서 플라톤으로 이어지고 아리스토텔레스에 이르러 완성된 철학이다.

그러나 지금 나를 둘러싼 사회는 위기에 서 있다. 결국 아테네 학교 전체가 아틀란티스 계획에 휘말려 있다. 좀비가 너무 많다. 이제부터 학생 한 명 한 명에게 로고스 머신건으로 다시 세뇌를 푼다고 해도 해결하기 어렵게 되었다.

적의 본거지를 공격하자고 외치는 린 선배의 호전적인 명령 아래 우리는 수학부 건물로 집합했다. 수학부는 아틀란티스 계획에 대해 이전보다 더 많은 정보를 수집했다.

"이제부터 세뇌 방법을 설명하겠습니다."

레드가 화면을 가리켰다.

"영혼을 빼앗기 위한 세뇌 기계는 구소련이 사용했던 기계를 응용하고 있습니다. 처음에는 특수한 전자파를 발생시키는 기계를 사용했는데, 이 기계를 기베인 홀딩스 계열의 일렉트로닉스 기업이 고도의 과학 기술을 사용하여 영혼을 추출하는 기계로 발전시켰습니다."

공상 과학 만화나 영화에서나 들을 법한 이야기인데도 불구하고 수학 전사들의 진지한 표정을 보면 나도 진짜인 것마냥 진지하게 들을 수밖에 없었다.

"향락에 찌들어 살아서 스스로 생각하는 힘을 잃은 학생들이니까 그 기계로 프시케를 빼내는 거지?"

린 선배가 묻자 레드가 그렇다고 답했다.

"그 한심한 기계는 어디에 있어?"

"타, 타, 타워에 있습니다!"

"타워?"

"아, 아크로폴리스 타워입니다."

"학교 정중앙에 있단 말이야? 너무 뻔뻔하군! 좋아! 그곳이 아이의 본거지라면 타워에 올라가야지!"

헉, 갑자기! 바로 출발하는 건가? 난 아직 마음에 준비가 안 됐다고요! 그런데 지금 한 이야기들이 진짜일까?

"린 선배!"

"왜?"

"아…… 저기요."

"뭐야!"

"아이 선배, 아니 아이 회장은 정말 그런 못된 짓을 하는 사람이에요?"

생각이 정리되지 않았던 나는 무심코 분위기를 썰렁하게 하는 말을 하고 말았다.

어떡하지! 이번엔 그냥 발차기로 끝나지 않을 것 같은데……

갑자기 정적이 흘렀다.

"분명!"

어? 선배가 왜 그러지?

"나도 조금은 마음이 걸려."

생각지도 못한 전개다. 린 선배의 말에 마리와 도모도 동조하는 것 같았다.

"회장이 오만하고 거만한 자세로 자신의 철학을 맹신하는 것이 문제지, 원래 나쁜 사람으로 보이지는 않아요."

마리의 말에 린 선배가 고개를 흔들며 이야기를 했다.

"아니야. 그것 때문이 아니라 아틀란티스 계획과 아이의 사상이 맞지 않기 때문이야."

대체 무슨 말을 하는 건지.

"사상이라고 하면 상대주의를 말씀하시는 거예요?"

"응. 원래 아이가 거만한 자세로 사람들한테 이야기하니까 이 부분은 신경 안 써. 그리고 상대주의가 반드시 모두 틀린 이야기는 아니야."

"네?"

린 선배가 상대주의를 인정하다니! 갑자기 선배가 왜 그러지? 설마 린 선배마저 좀비가 됐나?

"아니란 말이야! 잘 들어. 이해하기 쉽게 예를 들어 주지. 현대는 상대주의를 **다원주의**라고 바꿔 말하고 있어. 다원주의는 사람마다 제각각 다른 가치관을 인정하면서도 격차 사회를 줄이고 평등한 사회를 지향해."

"아주 좋은 생각이네요!"

"사람마다 제각각인 다양성을 존중하고 많은 사람들의 격차를 없애가려는 것이 현대에서 말하는 상대주의의 정의야. 물론 이것이 너무 많이 진행돼서 지나친 자유가 주어지는 경우도 있지만."

아, 그렇구나.

"그런데 아이는 이런 생각을 갖고 있으면서 다른 한쪽에서는 학생들의 영혼을 빼앗아 좀비로 만든다는 것이 마음에 걸리는 거야. 그리고 또 한 가지. 만일 상대주의가 폭주해서 악의 길로 접어들면 그때는 너희 마음대로 하라고 내팽개치는 아나키즘, 즉 **무정부주의**가 될 테니까."

"아틀란티스 계획과는 다른 거야."라며 마리가 말했다.

린 선배가 고개를 끄덕이며 말을 이어나갔다.

"아틀란티스 계획은 인간을 우민화시켜서 지배하는 것을 목적으로 하는 것이니까. 상대주의하고는 다른 거지."

"……아이 선배는 성격이 나쁘지만, 제대로 철학을 하고 있다고……"라며 도모가 의견을 말했다.

놀랐다. 기리시마 자매들은 아이 선배의 생각을 전부 부정한다고 생각했었다. 그런데 그렇지 않았다. 오히려 자신들과는 철학이 다르지만, 상당히 인정해 주는 분위기였다.

말이 이상할지는 모르겠지만, 역시 아이 선배도 스스로 생각을 하고 있으니 이제 싸움을 해볼 만하다고 생각하는 것 아닐까?

---

* 무정부주의(anarchism)는 국가와 같은 권위에서 벗어나거나 그것을 최소화하려는 주장을 말하는데, 국가를 마음대로 하며 내팽개치자는 주장으로 이해하는 것은 오해이다.

## 지배하는 자와 지배당하는 자

"아틀란티스 계획은 이 현대 사회의 축소판이야."

린 선배가 경직된 목소리로 말했다.

"축소……요?"

"아주 압축시킨 것이지."

"음……. 어느 부분을요?"

"지배하는 자와 지배당하는 자로 나눈 거."라며 마리가 대화에 동참했다.

"……상층부의 기득권층이 사회의 모든 것을 알고 있고 그 지식을 이용해서 사회를 조종해요. 그러는 반면 일반 사람들은 쾌락에만 빠져 있는 거죠."

도모가 담담히 말했다.

"무엇이 들어가 있는지도 모르는 음식을 먹거나 저속하고 폭력적인 영화를 보거나……. 현대인의 삶의 질이 떨어지고 있는 것이 그 한 단면이지. 게다가 철학도 말이야! 귀여운 여자아이와 함께 공부하자고 하는 철학 입문서가 나오잖아! 이런 것들 정말 괜찮은 걸까?"

린 선배가 흥분하며 말했다.

"으음. 그런 책, 저는 좋아하는데요!"

내가 솔직히 말했다.

"뭐. 책이야 그렇다고 해도. 현대인들은 무엇이든지 유치하고 경박한 것을 가까이하는 것이 문제지. 자신이 스스로 아무것도 생각하지 않고 있다는 사실조차 생각할 수 없을 정도로 비철학적이 되었어." 린 선배가 이야기를 덧붙였다.

"우리 학교 학생들과 같이 현대 사회는 우리도 모르는 사이에 중심에서 움직이는 대로 조종당하는 구조가 되었어요."라며 도모가 말했다.

"풍요로운 생활에만 신경 쓰고 중요한 것을 생각하지 않는 사람들. 이데아의 빛이 있는 철학을 하지 않는 사람이 늘어난다면 사람들을 지배하려는 나쁜 사람들에게 이보다 더 좋은 소식은 없겠지."라며 마리가 말했다.

"욕구를 충족시키기만 바라고 조종당하는 것은 누구도 신경 쓰지 않아. 참 딱하다 딱해!" 린 선배가 흥분을 참지 못하며 말했다.

분명히 우리 학교의 시설은 눈이 휘둥그레질 정도로 호화롭고 재미있는 것들이 많아서 즐거움을 쫓아가자면 끝이 없다. 수업을 생각해 보면 수업은 선생님이 일방적으로 진행하는 주입식 교육이다. 그리고 가장 중요한 과목인, 영혼을 단련시킬 수 있는 과목은 모두 배제돼 있다. 우선 정치·경제 수업은 선택 과목이기 때문에 수업을 듣지 않는 학생이 대부분이다. 윤리 과목은 말할 것도 없다. 그냥 수업 자체가 없는 것이나 매한가지다. 그나마 그 수업을 들을 때도 교과서를 읽는 정도로 이루어진다. 물론 사상성이 있는 내용은 모두 제외된다. 국사나 세계사 시간에는 설명을 듣지 못하고 정리된 내용을 암기만 하다 보니 이 수업을 통해서는 사회 제도에 관한 이야기까지 생각할 수 없다.

그렇다. 우리 학교의 학생들은 '잘 산다는 것이 무엇인지', '무엇을 위해 사는 것인지'와 같은 철학적 사고 훈련을 받고 있지 않다.

"……더욱이 일본 사람들은 철학과 별로 친하지 않죠. 메이지 시대의 사상가인 나카에 쵸민(中江兆民)이라는 사람은 일본인에게 철학은 없다고까지 말했어요."라며 도모가 차분히 말했다.

음. 정말 어렵네. 얼마나 답답했으면 그런 말을 했을까. 내 머리가 다 흔들리네. 어! 모든 것이 다 흔들리는 거잖아! 설마, 지진이 난 건가?

"시작됐나."

레드가 민감한 표정으로 중얼거렸다.

"드디어 시작됐어!"

언제나 묵묵히 컴퓨터만 바라봤던 그린이 흥분했다.

"무슨 일이 생긴 거야?"

린 선배가 컴퓨터 화면을 보기 위해 그린에게 뛰어갔다.

"타워를 중심으로 해서 심한 파동이 생겼어요. 계획이 시작됐을지도 몰라요. 요즘 며칠간의 자료를 보아도 지금이 최고 수치예요."

무슨 말인지 잘 모르겠지만, 타워에서 무슨 작업을 해서 그것이 이런 지진을 일으키고 있다는 것 같았다. 드디어 시작된 건가!

"음. 이제 피타고라스 기관의 화려한 무대가 시작되겠군."

레드는 변함없이 앞으로 일어날 일들을 보고 있었다.

"그러니까! 설명 좀 해보라고!"

아까부터 뭔가 무슨 일이 있는 듯이 움직이는 수학부원들에게 린 선배가 소리쳤다.

"제가 설명할게요. 저는 블루예요."

"지난번에 인사했잖아. 당연히 기억하지. 그런데 대체 무슨 일이야?"

"아틀란티스 계획이 최종 단계에 들어갔어요."

"그래서?"

말을 재촉했다.

"그래요."

"그 정도는 안다고! 구체적으로 무슨 일이 벌어진 건데?"

"솔직히 말씀드리자면, 몰라요."

너무 화가 난 린 선배는 블루에게 시원한 발차기를 날렸다. 블루는 바닥에 쓰러졌다. 선배는 레드에게로 향했다.

"자, 잠깐만요, 린 선배. 조금은 분명한 정보가 있어요."

"뭔데!"

"이 건물은 곧 무너질 거예요."

그러고 보니 아까부터 쩍쩍 갈라지는 소리가 들렸었다. 이 소리는 경고 소리였던 건가.

"바보야! 그런 얘기는 빨리 해야지. 어서 여기를 나가자! 다들 탈출해!"

린 선배의 명령으로 모두들 정신없이 밖으로 달려 나가기 시작했다.


## 타워 진입

모두 밖으로 나오자 우리 뒤에서 수학부실이 무너져 내렸다.

"헉, 헉. 아얏. 내 슈퍼슈퍼컴퓨터! 아승기! 나유타!"

옐로가 마치 자기 애인의 이름을 부르는 것처럼 애절하게 소리쳤다. 눈물과 콧물이 땅을 덮을 것만 같았다.

"옐로! 그렇게 속상하면 저 타워에서 풀어!"

이미 전투용 배낭을 챙겨 멘 레드가 옐로의 어깨를 토닥이며 위로했다.

"여러분, 이제 최종 결전입니다! 이제 단번에 타워로 가는 겁니다!"

말이 끝나기가 무섭게 린 선배는 타워로 향해 달리기 시작했다. 그러나 타워로 이어지는 페리파토스에는 여태 봐왔던 것과 비교도 할 수 없을 만큼의 많은 좀비들이 몰려 있었다. 우리들은 미식축구 선수처럼 좀비들을 피해가며 달렸다. 길이 막혔을 때는 도모의 로고스 머신건이 나왔다.

"행복이야말로 궁극적이고 자족적인 것이며, 우리들이 행하는 모든 것이 지향하는 목적이다. 최고선은 행복밖에 없다는 것에 대해 누구도 다른 의견을 갖지 않겠지만, 그렇다면 행복이란 무엇일까. 피리를 부는 사람, 조각가, 그리고 이와 다른 모든 기술자, 즉 어떠한 능력이나 기술을 가진 사람들이 그런 능력을 발휘하는 것에 그 선이 있다……."*

많은 좀비들을 쓰러뜨리면서 오직 앞만 보며 달렸다. 드디어 타워의 정문인 엘리베이터 앞까지 도착했다. 엘리베이터는 비

---

* 《니코마코스 윤리학》에서 인용: 아리스토텔레스 저, 다카다 산부로 역, 이와나미 쇼텐.

밀번호로 잠겨 있었다. 일단 바로 따라붙은 좀비 집단을 처리하긴 했지만, 이미 또 다른 좀비들이 몰려오고 있었다. 이대로라면 타워 앞에서 모두 잡힐지도 모르는 상황이다. 마리가 엘리베이터를 향해 있는 힘껏 몸을 날려 부딪쳐 보았지만 역시 철문은 꿈쩍도 하지 않았다.

아. 비밀번호를 모르면 들어가지 못하다니! 모두 헛수고인가!

"나한테 맡기라고!"

갑자기 옐로가 모바일 컴퓨터와 코드를 꺼내 엘리베이터의 비밀번호 입력판과 연결했다.

"아승기, 나유타. 너희들에게 부끄럽지 않도록 살게."

슈퍼슈퍼컴퓨터를 잃은 아픔 때문인지 갑자기 성격이며 말하는 분위기가 바뀐 옐로가 기계들을 쉼없이 조작하더니, 결국 문을 열었다.

"정말 잘했어. 너, 진짜 대단하다!"

린 선배가 하는 칭찬에 옐로는 엄지손가락을 들어 보이며 답례를 했다. 그 모습도 멋졌다. 완전히 극장에서 영화를 보는 것 같았다. 다들 믿음직하구나!

이것도 잠시. 그런 일에 취해 있을 여유가 없었다. 좀비는 점점 가까이 다가오고 있기 때문이었다. 우리들은 올라가기 위해 급하게 엘리베이터를 탔다. 그런데 갑자기 어떤 문제가 있었는지 문이 곧 닫히려고 했다. 마리와 레드가 아직 타지 못했다.

"여기는 나에게 맡기라고! 너희는 빨리 올라가!"

레드는 문이 닫히지 않도록 힘껏 몸으로 문을 막으면서 마리를 안으로 밀어넣었다.

"레드! 너도 어서 타!"

"안 돼! 나는 여기서 녀석들을 막을 테니까 어서 올라가! 아앗, 나, 사실은 너를……."

"레드! 레드야!"

갑자기 어색한 전개가 이어졌다. 하지만 이것도 잠시였다. 레드가 몸을 사리지 않는 놀라운 행동을 기억하는 동안 우리들이 탄 엘리베이터는 로켓과 같이 하늘 위로 올라가기 시작했다.

"이 자료에 따르면 아이 회장은 최고층에 있어요."

옐로가 모바일 컴퓨터를 통해 확인했다.

"여기에는 학교의 데이터가 모두 담겨 있어요. 여기에서부터는 저와 미네르바가 앞장설게요."

올빼미가 앞장서서 우리를 이끌었다.

대단하다. 수학 전사들. 정말 다들 자신들이 잘하는 분야가 있구나.

최고층인 55층에 내린 우리들은 옐로와 올빼미를 따라 안쪽에 있는 방을 향했다. 복도에도 네다섯 명의 경비원들이 순찰봉을 들고 위협해 왔다. 좀비는 학생들뿐이 아니었다.

"도모야! 로고스 머신건을 발사해!"

내가 소리치자, 도모는 얼굴이 빨개지고 말았다.

"제, 제 이름을 그렇게 친하게 불러 준 사람이 처음이라……."

지금 그런 말을 할 상황이 아니라고!

그러자 린 선배가 경비원을 향해 암송했다.

"*사람은 무엇보다 우선 자기 자신에게 가장 많이 주의를 기울여야 한다. 결코 부정을 저지르지 않도록 신경을 써야 한다……*"

경비원은 순식간에 쓰러졌다.

"대화편 《고르기아스》로 전해진 소크라테스의 말이지."라며 마리가 들뜬 듯이 말했다.

앞서 가던 올빼미가 어떤 방 앞에서 갑자기 울기 시작했다.

"저 방이다!"

우리들은 방으로 뛰어 들어갔다. 수학 전사들은 통로에서 좀비들을 막겠다고 하며 다들 뿔뿔이 흩어졌다. 아이들이 달라 보였다. 정말 믿음직스러웠다.

방을 들어가자 벽 한 쪽 전체가 검은색으로 통일되어 있었고, 가운데에는 빨간 의자가 덩그러니 놓여 있었다. 분위기가 참 이상한 방이었다. 자세히 살펴보니 벽에는 큰 화면이 설치돼 있었다. 아무래도 어떤 조작을 할 수 있는 것 같았다.

대체 무엇을 하는 곳이지? 무엇을 위한 방일까?

이런 생각을 하던 찰나 어디선가 들렸던 웃음소리와 동시에, 아이 선배가 모습을 드러냈다.


## 모든 사람을 평등하게 하는 정의

"모두들 잘 왔어. 그런데 아틀란티스 계획은 멈출 수 없을 거야."

"아이! 너! 대체 무엇을 하고 싶은 거야!"

린 선배 목소리는 격앙돼 있었다.

"아직도 모르는 거니? 아틀란티스 계획은 모든 사람을 올바른 방향으로 이끌어서 모두가 행복해지는 궁극의 이상적 질서를 만들어 내는 거야."

"그거라면. 조금만 달라지면 **전체주의**잖아!"

전체주의라고?

"너 지금 뭐라고 말했니? 저, 전체주의! 나를 히틀러나 아랍의 독재주의자 같은 **파시스트**라고 한 거니?"

"그래! 한 사람이 모든 것을 올바른 방향으로 이끌고 간다는 것 자체가 틀린 생각이야!"

"……내, 내가 지향하는 것은 그런 생각과는 전혀 달라. 모든 사람들에게 균질한 자유를 주어야 한다고 생각하는 **평등사회**를 만들려고 하는 거야. 이것이 내가 생각하는 정의야."

뭐지? 아이 선배가 말한 아틀란티스 계획은 사람들에게 자유와 평등을 주고 더 좋은 사회로 만든다는 거였어? 그러면 좋은 계획 아닌가? 그러면 왜 프시케를 빼앗고 좀비를 만들려고 한 걸까? 아무 생각도 않고 즐거움만을 추구하는 사람을 늘리면 자유롭고 평등한 사회가 되는 걸까? 이것 조금 어딘가 이상한데. 분명히 아이 선배의 말에는 모순이 있어!

"나는 상대주의자이기 때문에 사람마다 제각각 다른 다양한 가치를 인정하고 각 사람의 **자유로운 선택**을 인정하지."

"어머머. 이상하잖아! 프시케를 빨아들여 머리를 텅텅 비우게 하더니 각 사람에게 자유로운 선택을 인정해? 너! 네가 모순된다고 생각하지 않니?

그리고 내가 한마디 하자면, 모든 사람들의 다양한 입장을 존중해야 하는 것이 아니라 '내면에서 솟아오르는 진리'를 찾아야 하는 거야!"

불꽃 튀는 전쟁 속에서 나도 모르게 살짝 도모에게 말을 걸었다.

"이것에 대해서 아리스토텔레스는 어떻게 생각했어?"

도모의 안경이 빛에 반짝 빛나며 로고스 머신건이 발사되었다.

*"이러한 것들은 정치철학에서 정의의 문제다. 정치철학은 플라톤이나 아리스토텔레스의 시대 때부터 중요한 과제를 떠안고 있었다. 플라톤의 국가론을 거쳐 아리스토텔레스는 목적론적인 공동체 중심의 국가론을 전개했다. 게다가 근대에 토마스 홉스, 존 로크, 장 자크 루소는 사회계약론을 주창하여 국가 성립의 원리를 세웠다. 특히 존 로크는 생명과 자유 그리고 재산이라는, 사람이 태어나면서부터 소유하는 자연권에서 유래하는 모든 권리를 권력으로부터 지켜야 하는 것이 정의라고 주장했다. 그렇지만 사회계약은 공상적 개념이라는 비판을 받고 쇠퇴한다. 이것이 변해서 공리주의로 발전했다. 사회의 이익을 최대한으로 끌어올리는 것이 정의인 것이다. 그 뒤, 미국의 하버드대학교 교수 존 롤스가 《정의론》이라는 책을 써서 공리주의를 비판하고 다시 사회계약론을 옹호해서 자유주의의 선두에 섰다. 이때 정치철학은 다시 세력 회복을 꾀한다. 그래서 존 로크의 소유권은 자유주의(liberalism)를 강화시켜 자유지상주의(libertarianism)로 변모했다. 이것은 자유를 극한까지 몰고 가는 것이 정의였다. 하지만 리먼 쇼크 이후 빈곤층의 격차 문제 등으로 인해 자유지상주의는 비판을 받았다. 그*

래서 복지를 포함한 자유주의와 공동체의 선을 지향하는 공동체주의에 의해 사회의 개혁이 각각의 정의 이론에 따라 지향되고 있다. 공동체주의는 아리스토텔레스의 공통되는 선을 원리로 하여 현대의 모든 문제를 해결하려고 하는 것이다. 고대 그리스 철학이야말로 빈곤으로 고통받는 사람들을 구제하는 가르침이 되고 모든 인류의 평화를 지향하기 위한 주춧돌이 된다. 아리스토텔레스의 철학이야말로……."

이쯤에서 나는 도모의 안경을 벗겼다. 오늘 도모가 발사하는 머신건의 파괴력은 폭탄 수준이다. 좀비가 아닌 나에게도 상당히 큰 충격이 머리에 가해졌다. 자유주의하고 공동체주의라는 말은 처음 듣는 말인데 자꾸 쏟아져 나오니 지끈지끈하던 내 머리는 급기야 회전을 멈춰 버렸다. 게다가 반복되는 **정의**라는 말. 대체 정의란 무엇일까?

## 자유주의의 정의

"너도 잘 들어. 이러한 논제를 **정치철학**이라고 해. 철학을 계속한 네가 최종적으로 도착할 곳이지. 정치철학은 현재의 사회 문제에 대해서 철학적인 관점에서 어떻게 해야 할지를 생각하는 거야. 도모가 설명한 것처럼 학파에 의해서 그 문제 해결 방안으로 플라톤이나 아리스토텔레스의 사상을 사용하는 사람들도 있어."

인생의 의미나 세상의 진리를 생각한 그리스 철학의 최후는 정치로 향하는구나. 도모한테서도 들은 적이 있는 이야기다.

"후훗. 그러고 보니, 너. 전에 철학에 대해 이렇게 말했었지? 이런 것은 도움이 되지 않는다고. 철학으로 해결할 수 있는 것은 아무것도 없다고 말이야. 그런데 정치철학의 부활로 철학은 세상을 변화시킬 수 있다는 사실을 알게 됐어."

린 선배는 의기양양했다.

그런데 아직까지 내가 그때 했던 말들을 모두 기억할 줄이야. 그 말이 선배 귀에 그렇게나 거슬렸나?

린 선배의 말을 듣고 아이 선배가 크게 웃었다.

"하하하, 걱정도 팔자네, 문답열녀. 내가 아틀란티스 계획으로 모두 해결할 테니 걱정 말아. 넌 분명히 이것도 하나의 정치철학의 입장이라고 말할 수 있을지도 몰라."

"뻔뻔하게 잘도 말하네. 그건 정치철학이 아니라 음모라고!"

"뭐라고 했니? 계획은 이미 최종 단계로 진입했어. 그리고 우리 학교에서 계획이 성공하면 이것을 우리나라 전체, 더 나아가서는 세계 전체로 확대시켜 나갈 예정이야."

"……안 돼요! 그런 건 절대 용납할 수 없어요!"

도모가 왜 그런지 마리를 향해 소리쳤다.

참, 내가 안경을 돌려주지 않았구나.

"선배는 왜 아틀란티스 대륙이 멸망했는지 아세요?"

지난번에 레드가 알려줬던 거다. 분명히 지진과 홍수 때문이었다.

"천재지변. 그렇기도 하지만! 그 전에 인간들에게도 문제가 있었어. 아틀란티스의 지배자들은 원주민과의 교배를 반복했던 거지. 즉, 하층민과의 교제로 인해 신성이 약해져 타락으로 연결됐다고 플라톤은 말했어. 따라서 위에 서 있는 사람이 확실히 아래 있는 사람들을 지도해야 해. 그래야 우리 학교, 즉 새로운 아틀란티스의 안정을 유지할 수 있는 거야. 그리고 우리나라나 세계도……, 아버지가 그렇게 말씀하셨어."

아버지라고? 기베인 이사장 말인가! 드디어 싸움이 본격적으로 가려나 보다.

"너는 지금 위에서 아래로, 즉 지배자의 입장에서 세상의 안정을 도모할 수 있다고 얘기한 거지?"

"그렇지. 나 같이 고귀한 상대주의는 모든 사람들의 제각각 다른 입장을 존중하고 격차도 어느 정도 인정하면서 가난한 사람들에게도 이익이 돌아가도록 하는 사회를 지향해."

"그러니까 모순이라는 거야. 그것은 **자유주의**가 아니야. 너는 파시스트니? 자유주의자니? 아니면 이중인격이야?"라며 린 선배가 다그쳤다.

자유주의?

"무슨 말이야?"

도모에게 살짝 물었다.

"······자유주의."라는 답이 돌아왔다.

"자유?" 내가 조용히 다시 물었다.

"······개인의 자유나 자율성을 강조해서 절대적 권력을 거부하는 거예요. 17세기, 시민혁명기 때 **존 로크**의 정치이론이에요. 18세기에는 **애덤 스미스**가 발전시켰어요."

"조금 더 쉽게 알려줘."

또 도모만 들을 수 있도록 물었다.

"······모두가 제각각인 자신의 이익을 자유롭게 추구하는 거예요. 그러니까 모두가 경쟁하는 거죠. 이것이 현대 미국에서 진화해서 **복지적 자유주의**가 된 거예요. 이것은 경쟁하면서도 동시에 가능한 한 빈곤의 차이를 조정하려고 하는 입장······."

이상하게 이해가 될 것 같으면서도 안 됐다.

## 자유주의와 공동체주의

"내 생각을 **자유주의**라고 부르는 것이 맞아. 세상 속에서 일반적으로 사람들의 의견은 일치하지 않아. 부유층이나 빈곤층, 인종, 민족, 종교 등 모두 다르니까 이해관계나 사회적 지위 등에 따라 처한 입장이 각각 다른 거지."

맞는 말이다. 사람들마다 제각각 처한 입장이 다르기 때문에 모두가 일치하기는 어렵다.

"예를 들어 볼게. 내 수입이 많다면 누진세 제도에 반대할지도 모르지. 반대로 수입이 적으면 찬성할지도 몰라. 내 지금의 위치를 알면 사람마다 갖는 가치관은 다양해지는 거야."

아이 선배가 전에도 말했던 상대주의구나.

"롤스*는 이런 방식으로 설명했지. 일단 베일을 씌우고 자기가 어떤 사회적 지위에 있는지를 모르게 했어. 이것을 **무지의 베일**이라고 해. 무지한 너희들은 이 이야기 알고 있니?"

선배! 갑자기 바보 취급 말라고요!

아이 선배는 말을 계속했다.

"베일로 눈을 가리면 어떻게 되지? 큰일 나겠지. 자기가 속

---

* 존 롤스는 미국의 정치철학자이다. 그가 말한 자유는 정치적 자유, 사상의 자유, 신체의 자유와 같은 기본적 자유를 말한다.

한 계급, 인종, 민족, 학력, 가족관계 등 전부 모르니까."

생각을 실험하다니 대단하네. 그래서 어떻게 됐다는 거지?

"그런데 이렇게 하면 오히려 자기가 어떤 판단을 하면 좋을지 알게 돼. 만일 베일을 벗었을 때, 자기가 아주 부자라면 좋겠지만, 어쩌면 정말 가난한 사람일지도 몰라. 베일을 벗으면 자기 생각과 다를지도 모르는 거지. 그렇다면 다들 이렇게 선택할 거야. 눈을 가리게 하면 모든 사람들은 평등하다는 원리를 고를 테지. 즉, 베일을 벗어도 모든 사람들이 자신의 생각과 어긋나지 않을 상태를 고를 거란 말이지. 사회에서 불우한 환경에 놓인 사람들의 이익이 될 수 있는 사회적 그리고 경제적 불평등만을 인정하는 것이 정의라고 할 수 있지."

그렇구나. 한 번 눈을 가렸을 때 모두가 기대에 어긋나지 않도록 하는 것. 이것을 정의라고 하는구나.

이 말을 들은 린 선배는 반론을 폈다.

"네가 자유주의자라는 것은 잘 알겠어. 하지만 그렇게 생각하면 치명적인 결점에 빠지게 되지. 역시 상대주의자의 종착지야. 롤스의 이론, 즉 무지의 베일을 쓰고 자기 환경 등의 지식을 없앤다면 모두가 평등해지는, 즉 정의가 이루어지는 의사 결정을 할 수 있다고 말한 거니? 하지만 달콤한 맛인지 매운맛인지를 가린다면 먹고 싶은 닭튀김이 무엇인지 선택할 수 없잖아?"

"린 너, 지금 무슨 말을 하는 거니?"

그, 그렇다. 내가 린 선배와 편의점에서 만났을 때, 내가 어떤 닭튀김을 먹을지 고민했던 일. 린 선배는 웃음을 머금고 있다.

"내가 다시 정리해 주지. 인간이란 **가족**이나 **지역공동체**로부터 일단 떨어진다고 해서 자유롭게 인생을 **선택**할 수 있는 것이 아니란 말이야. 정치철학자인 **마이클 샌델** 하버드대학교 교수는 그 개인이 어떤 가족이나 지역공동체 속에 놓여 있는지를 알면 자신이 어떤 사람인지를 안다고 했어. 그러니까 상대주의에서 너무 자유를 강조하다 보면 공동체가 파괴돼. 이것은 너와 몇 번씩이나 말했던 거지."

그렇구나. 두 사람 모두 입장이 확실하네.

상대주의인 아이 선배는 사람마다 제각각 의견은 다르지만 누구의 기대에도 어긋나지 않는 사회, 승자와 패자는 있지만, 패자도 부활할 수 있는 사회를 바란다. 이것이 정의라고 말하는 것이다.

반면, 린 선배는 모든 사람이 과거나 환경으로부터 떨어져 제각각이 되는 상대주의는 처음부터 자신이 선 위치를 전혀 모르기 때문에 애당초 **정의를 결정**하는 것 자체도 할 수 없다고 말하는 것이다.

린 선배가 말을 이어나갔다.

"'나는 누구인가'라는 물음에 대해 계급, 윤리, 종교, 전통, 공동체로는 정의내릴 수 없다는 것이 자유주의야. 이에 반해 샌델 교수가 주장하는 **공동체주의**는 공동체를 중요시하고 그 공통된 목적을 지향해 가는 사상이지."

공동체, 그리고 목적. 알겠다. 이것은 아리스토텔레스의 말이다.


## '선보다 정의' 아니면 '정의보다 선'?

두 사람의 논쟁에 마리가 끼어들었다.

"소크라테스는 누구에게든지 올바른 것은 사람들의 대화를 통해서 안다고 말했어요. 그리고 플라톤은 올바른 것을 이데아라고 하는 흔들리지 않는 부동의 원리에서 찾았어요. 플라톤에 의하면 모든 사람이 **선인 이데아**를 지향하듯 국가가 이상적인 거예요. 그리고 선인 이데아를 인식할 수 있는 철학자가 정치인이 되어야 한다고 했어요."

"후훗!" 아이 선배가 코웃음을 쳤다. 그리고 입을 뗐다.

"정의가 선을 우선해. 선이라는 것은 시대나 지역에 따라서 변하는 것이기 때문에 일괄적으로 정할 수 없어."

그러자 도모도 선에 대해 말하기 시작했다.

"……자유주의는 사회의 나쁜 곳을 고칠 수 없어요. 해로운 그림이나 사진, 다른 사람에 대한 소문이나 사람의 장기……, 팔 수 있는 것이라면 계속해서 더 팔겠다는 것이 현대 사회예요. 시장에서 모두에게 **공통된 도덕**이나 **공통된 역사적 가치**는 두 번째죠. 그러니까 사람들의 공동체적인 관계가 멀어져 가는 거예요. 이렇게 되면 안 돼요. 그래서 아리스토텔레스의 공동체를 중시한 철학이 필요해요."

"너, 참 말 잘하는구나." 아이 선배가 여유롭게 대답했다.

"사람이 완전히 자유롭게 되면 가족 속에서도 평등과 동시에 자유라는 개념이 강조되는 거……. 이렇게 되면 가족 안에서도 가치관은 다양하게 나타나요. 개인이 존중되기 때문에 가족간의 관계가 멀어지는 거죠. 사회의 근본인 가족이라는 공동체가 파괴되기 때문에 안 되는 거……."

"가, 가족……."

엇? 아이 선배의 얼굴에 웃음기가 사라졌다.

도모가 말을 계속 이어갔다.

"공동체주의자들은 공동체가 역사 속에서 계승해 온 **선**을 중요시해요. 소크라테스, 플라톤이 찾아왔던 것, 그리고 그것을 계승한 아리스토텔레스가 주장한 최고선. 어떠한 행동이 선하다는 것은 그 행위가 **명예롭고 칭찬받을 만하다**는 거예요. 그러니까 정의의 기준은 명예롭고 칭찬받을 만한 것이어야만 해요. 자유를 존중하지만 정의는 아니에요."

다시, 린 선배가 입을 열었다.

"너와 같이 상대주의이면서 자유주의적인 발상 탓에 매점매석이라는 현상이 일어나는 거야. 만일 철학 전투대원 차림의 새로운 벨트가 잘 팔린다면, 이것을 모조리 사서 경매에 비싼 가격으로 파는 거야. 이렇게 사고파는 것은 그 사람 자유겠지? 그래서 그 결과도 괜찮니? 정말로 괜찮다고 생각해? 다들 어딘가 이상하다고 생각할 거야. 왜 그러냐면 **미덕**을 중시하기 때문이야. **강한 욕구는 정의에 반한다**는 감각을 갖고 있지. 돈만 잘 벌면 그만이라는 생각은 비판의 대상이야. 정의라는 것은 미덕이나 품위와 관련된 것이어서 삶은 선을 기준으로 판단을 내려야 해."

여기에 도모가 한마디 덧붙였다.

"미덕을 목적으로 하고 공동체가 선을 찾는다. 그런 행복이 이상……."

도모가 말하는 사이 내 머릿속에선 상황이 정리되었다. 아이 선배가 말하는 입장은 이해하기 쉽다. 그것은 현대의 보통 사람들이 하는 생각이기 때문이다. 하지만 기리시마 자매는 그래서는 안 된다고 반론을 펴고 있다. 나는 혼잣말로 내 생각을 정리했다.

"그러니까 고대 그리스 철학이 현대 정치학을 만들었다는 거지? 우선, 일상생활에서 선이란 무엇인가를 생각한다. 맞아. 플라톤처럼. 그리고 이것은 쾌락만이 아니라 더 정신적으로 숭고한 것을 찾는 것이 최고선이다. 아리스토텔레스가 주장한 것처럼."

말을 마치고 내 말을 유심히 듣고 있던 도모가 반응할까 봐 재빨리 안경을 벗겼다. 도모가 당황해 하는 사이 계속 정리해 나갔다.

"그리고 공동체에서 많은 사람들과의 대화를 통해 선에 대해 추구해가는 것이다. 역시 소크라테스의 문답법으로. 이렇게 해서 사회 전체의 정의를 추구해가면 살기 편한 더 좋은 세상이 되는 거다."

팔짱을 끼고서 내 혼잣말을 유심히 듣던 린 선배가 "나쁘진 않네."라며 평을 해주었다. 말은 그렇지만 꽤나 만족스러운 표정을 짓고 있었다.

## 아이 선배의 모순

그런데도 아이 선배는 주춤거리지 않았다.

"살기 편한 더 좋은 세상을 말했는데, 실제로 세상에는 빈곤의 차가 심해. 자유주의라면 이것을 조정할 수 있어. 효과가 있단 말이야. 그러면 공동체주의자는 경제적인 격차를 없앨 방법이 있겠니?"

린 선배가 나섰다.

"물론이지. 세금 문제로 쉽게 얘기해 줄게. 공동체주의자는 세금을 늘리자는 이야기에 모두가 찬성할 수 있도록 대화를 하지. 선거를 해서 세금을 걷는 방법에 동의를 얻는 거야. 자유주의는 갑자기 부유층에게서 소득세를 걷는 거지?"

"격차를 없애는 것이 정의라면 나도 부유층에게 소득세를 내라고 하는 것이 옳다고 생각해. 가난한 사람들에게는 세금을 걷지 않으니까 걱정할 문제는 없지."

이 말을 듣고 린 선배의 목소리가 날카로워졌다.

"역시 너는 순수 자유주의자네. 자연히 아틀란티스 계획과 모순이 생기는군. 지배자가 모든 사람에게서 세금도 아니고 영혼을 빼앗는 계획이라니. 그런 것은 자유주의도 아니고 아무것도 아니야."

린 선배가 너무도 단호히 말하니 아이 선배는 선배의 주장

내용처럼 심하게 흔들렸다.

"그, 그게."

"뭐야. 확실해 말해 봐."

"그게……. 아빠가……."

"뭐!?"

"아빠의 명령으로……."

아이 선배가 머리를 움켜쥐고 털썩 주저앉았다.

"무슨 말을 하는 거야, 아이야! 확실히 말해 봐!"

이때 순식간에 큰 진동이 타워를 엄습했다. 드디어 큰일이 났구나!

"아이야! 이 지진이 멈추지 않으면 타워가 무너져! 모두 다 같이 황천길이야!"

이런 린 선배의 말에 아이 선배는 "아빠가, 아빠가……."라는 말을 반복할 뿐이었다. 이때 방 앞에서 헤어져 여러 통로로 흩어졌던 수학 전사들이 방 안으로 뛰어들어 왔다.

"진동이 시작되는 발생원을 멈춰야 해! 이 방 안쪽에 타워 조종실이 있을 거야. 블루! 저쪽이야. 저쪽 문을 확 부셔버려!"라고 옐로가 말했다.

"오케이! 나한테 맡기라고!"

방 안쪽에는 벽색과 똑같은 하나의 문이 있었다. 블루는 그

문을 향해 힘껏 돌진했다. 그런데 문은 센서 방식이었는지 블루의 몸이 가까이 가자 스르륵 자동으로 문이 열렸다. 블루는 문 안쪽으로 데굴데굴 굴러 들어갔다.

"문을 안 잠갔나? 우리가 잘못 생각했네!"

옐로가 다른 사람 일마냥 대수롭지 않게 말했다.

열린 문 안쪽으로 보이는 방은 상당히 좁아 보였다. 우리는 그 작은 방으로 들어갔다. 한쪽에는 여러 기계들이 나란히 줄을 지어 있었고, 기계 가운데에는 커다랗고 투명한 페트병 모양의 관처럼 보이는 긴 통이 있었다. 그 안은 어떤 액체로 가득 차 있었다.

"'여기까지 잘 찾아왔다.' 뭐, 이런 말을 해야 할 장면이군, 이 분위기는."

중저음의 목소리가 들렸다.

뒤를 돌아보니, 유리벽을 통해 서 있는 한 남자의 모습이 보였다. 이쪽에서는 완전히 실루엣만 보였는데, 풍채가 있는 것을 봤을 때 나이가 든 사람이라는 사실을 알 수 있었다. 생각해 보니 학교 안내 책자 사진에 있던 아이 선배의 아버지, 바로 기베인 이사장이 분명했다.

## 최종 보스의 등장

갑자기 파이프 오르간 소리가 실내를 장악했다. 마치 최종 보스가 등장할 때 나오는 음악 같았다. 자신이 등장하기 위해 이미 준비를 했던 것일까?

위압감이 느껴지는 바리톤 목소리로 이사장은 이야기를 시작했다.

"여러분들은 아틀란티스 계획을 막으려고 하는 것 같은데, 이미 늦었습니다. 기리시마 세 자매……라고 했던가? 미안하지만 우리 학교에서 철학을 퍼트리겠다는 계획은 이렇게 끝나나 보군."

린 선배가 굴하지 않고 당당하게 앞으로 한 걸음 나갔다.

"진짜 보스의 멋진 마지막 대사네요. 기베인 이사장님. 저희들은 포기하지 않아요. 반드시 당신의 전체주의를 막아 보이죠!"

"이런. 말버릇이 좋지 않군. 내 계획을 전체주의라고 하다니. 나는 사람들의 영혼을 빼내서 즐겁게 해주려는 거야."

"그것이 전체주의가 아니고 뭐예요! 인류를 가축화하려는 거죠. 이 파시즘 이사장!"

"파시즘 아저씨!"라고 마리가,

"파시즘 할아버지!"라며 도모가 말했다.

분명히 이 세 자매의 말이 너무 심했다.

"듣기 거북한 말은 하는 게 아니지. 파시즘? 적어도 **퍼터널리즘**라고 말해 주라고. **가부장적 온정주의**지. 나는 불쌍해 보이는 사람들을 보면 그냥 두지 못하겠어. 자. 그러면 지도를 시작해 볼까."

"이 독재자!"

"너희들은 잘 모르는구나. 모르는 녀석들은 모르지. 그러니까 힘으로 누르는 거란다. 내 방법이지."

이사장이 손가락으로 오르간의 건반을 누르자, 이사장 등 뒤에서 영화 〈맨 인 블랙〉처럼 검은 양복에 검은 선글라스를 낀 남자들이 나타났다. 그들이 우리를 향해 손으로 올리고 스프레이 같은 것을 뿌렸다. 우리는 순식간에 가스를 마시고 의식을 잃은 채 쓰러졌다.

……

살짝 정신을 차려 보니 내 손과 발이 묶여 있었다. 이럴 수가! 몸을 움직일 수가 없잖아! 사람의 형체가 이런 나를 내려다보고 있었다.

"정말 비열해. 파시즘 이사장!"라며 울부짖는 린 선배의 목소리가 옆에서 들렸다.

정신이 다 돌아오니 주위가 확실히 눈에 들어왔다. 린 선배와 마리, 그리고 수학 전사들이 묶인 채로 바닥에 앉아 있었다. 어? 도모는 어디에 있지?

고개를 들어 올려 본 나는 경악했다. 그 페트병 모양의 관 안에 있는 액체에 인형처럼 의식을 잃은 여자아이가 떠 있었다. 몸에는 분홍색의 전신 수영복 같은 옷이 입혀 있었고, 큰 마스크로 얼굴이 가려져 있었다.

"도모야!"

나도 모르게 소리쳤다.

마리가 필사적으로 괴력을 내어 끈을 풀려고 했지만 쓸데없는 일이었다.

"도모를 어떻게 할 생각이에요?!"

나는 있는 힘을 다해 이사장에게 소리쳤다.

"이 소녀는 모든 영혼을 흡수하기 위한 희생양이 되는 거지. 그리스 신화 이야기에 나오는 시빌레 같은 무녀처럼 말이야."

건물 전체가 다시 흔들리기 시작했다. 타워에 금이 가는 소리가 여기저기 울렸다.

"으응? 시빌레처럼?"

"반드시 해야 해. 이 기계를 사용해서 저 소녀의 뇌와 세계

모든 인간의 뇌를 같은 상태로 만들어야 해. 지금이야말로 온 세상을 구할 수 있어. 이 빈곤의 격차가 가득한 불평등 사회를 완전히 파괴하고 모든 사람들을 똑같이 만드는 거야. 그렇게 하기 위해서는 사상이라는 사상은 모조리 파괴해야 돼!"

이 아저씨는 무슨 말을 하고 있는 걸까! 완전히 미쳐가고 있군!

"도모를 놔 주세요! 그렇지 않으면 당장 발차기 날아가요!"

"도모에게 무슨 일이 있기라도 하면 절대로 용서 못 해요."

"왕 욕심! 욕심 좀 그만 부리지!"

"피도 눈물도 없는 늙은이! 그만해!"

린 선배와 마리가 교대로 소리 질렀다.

"여러분, 다들 진정하라고. 이 세상에는 전쟁이 넘치고 빈곤의 차가 커지는 이유를 아나?"

"그런 것들은 많은 사람들이 철학에서 윤리성을 찾지 않고 있으니까 그런 거라고요!"

린 선배가 소리쳤다.

"으하하!"

이사장의 웃음소리가 쩌렁쩌렁 울렸다.

"너희들 생각이 정말 순진하구나. 그 이유는 인간들이 자기 생각을 너무 확실히 갖고 있기 때문이야."

"뭐라고요!?"

나는 귀를 의심했다. 린 선배에게 생각하는 것이야말로 인간의 특성이고, 이것이 인간을 인간답게 하는 것이라고 배웠기 때문이다.

"이성이 있기 때문에 극기심으로 욕망을 억제할 수 있는 거란 말예요."라며 린 선배가 말했다.

"그렇지 않아. 멍청한 사람들이 자기 마음대로 주장하니까 세상이 나빠지는 거라고! 대중을 어리석게 하는 우중화가 발생하지. 나는 양치는 목동처럼 그런 멍청이들을 지도해야 돼."

역시 제정신이 아니신 것 같다. 정말 독재자다.

"정말 못 들어 주겠네요. 빨리 도모를 풀어 주세요!"

이사장은 우리의 말을 귓등으로도 듣는 것 같지 않았다.

"모든 인간에게서 주의 · 주장을 빼앗는 것. 이것이 모든 인류를 구하기 위한 최선의 방책이야. 귀찮은 철학적 사고를 모두 없애면 모두들 자기주장을 하지 않겠지. 즐거움만 쫓아다니면서 평화롭게 헤헤거리겠지. 그렇게 된다면 행복할 것 같지 않니? 세상의 모든 문제는 해결될 거라고!"

타워가 정체불명의 진동음에 휩싸였다. 마치 배나 비행기에 타고 있는 느낌이 들었다.

"정말 웃기시네요! 그런 걸 왜 이사장님이 정하시죠?" 나도 화를 참을 수가 없었다.

"그것은 내가 선택받은 존재이기 때문이지. 기베인 홀딩스의 지도자, 제우스 신과도 같은 존재니까."

갑자기 이사장의 휴대전화 벨 소리가 들렸다.

"여보세요. 응. 지금 처리 중……."

지금까지 자신이 최고인 양 행동하더니 갑자기 이사장이 안절부절못하기 시작했다.

"돈이 없다고? 응. 바로 보낼 테니까……. 오늘? 아. 오늘은 밖에서 먹고 들어갈 거니까 괜찮아. 응. 응. 그래. 알았어."

이사장은 전화를 끊고서 "너희들, 모든 인류를 위해 희생양이 되라고!"라며 위엄 있게 말했다.

"설득력이 없어요! 누구예요? 지금 통화한 사람이요!"

"아내. 마치 그리스 신화의 헤라처럼 흉악해서 내가 명령을 거역하면 바로 폭풍처럼 분노와……. 뭐, 그런 것들은 지금 상관없어! 무녀 의식을 시작해야지!"

이사장이 거대한 페트병 모양을 한 기계를 향해 발을 떼며 다시 말하기 시작했다.

"우리 학교는 초창기 때부터 교훈이 최대다수의 최대행복이지. 사실 나는 마음에 들지 않아. 이 말은 영국의 공리주의 **제러미 벤담**의 말이지. 그는 자기가 죽은 뒤 자기 몸을 미라로 만들어 대학에 기증해 달라고 유언을 남겼어. 지금도 유니버시티 칼리지 런던(Univercity College London, UCL)에는 표본이 남아 있어. 뭐. 머리 부위는 부패가 심해서 밀랍으로 머리 모양을 만들어 대체해 놓았다지. 너희들도 아틀란티스 계획을 기념으로 해서 영원히 미라가 되게 해 주마.”

검은 양복을 입은 군단에 둘러싸인 이사장은 기계를 조작했다. 기계가 움직이기 시작했다.

“자. 여러분. 새로운 세계의 문이 열립니다!”

아. 이제 모든 것이 끝이구나!

“……괜찮아.”

내가 상당히 지쳐 있었나 보다. 헛소리가 들린다. 누군가가 속삭이는 말이 들렸다. 이것이 린 선배가 말했던 다이몬의 목소리인가……. 눈꺼풀이 천천히 내려간다.

그런데 갑자기 이상한 일이 일어나기 시작했다. 철 막대기 같은 것이 공중을 날아다니다가 검은 양복을 입은 남자들을 공격했다. 그들은 계속 쓰러져 여기저기 산더미처럼 쌓였다.

“무, 무슨 일이 일어난 거야!”

당황한 이사장.

그리고 이사장의 뒤에 수면이 흔들리는 것처럼 일렁이며 천천히 사람의 형체가 나타났다.

"도모!"

"도모야!"

린 선배와 마리가 동시에 외쳤다.

기게스의 반지! 지난번엔 레드가 투명인간이 되더니 이번엔 도모가 투명인간! 도모가 투명인간으로 몰래 숨어 있었구나. 아까 속삭이던 목소리는 분명 도모의 목소리였다.

어? 그럼, 저 거대한 페트병에 있는 여자아이는 누구지?

이사장이 당황한 틈을 노려 도모는 우리들의 끈을 풀어 주었다. 끈에서 해방된 사람이 다른 사람의 끈을 풀어 주는 식으로 우리는 모두 자유롭게 되었다. 그러나 해방감을 맛볼 때가 아니었다.

"도모야! 기계를 멈춰!"

이렇게 말하자 도모는 얼굴이 빨갛게 되어 "제, 제 이름을 그렇게 친하게 불러 준 사람이 처음이라……." 하며 도모의 똑같은 대사가 시작되었다.

도모야! 이럴 때가 아니라고!

정신을 되찾은 도모가 기계를 조작했다. 그러자 굉음을 내며 페트병 관이 열리고 안에 있던 여자아이가 떨어졌다. 그때 마스크가 벗겨지면서 화려한 금발머리가 땅으로 흐트러졌다.

이 사람은! 아이 선배였다!

아이 선배의 몸에는 분홍색의 전신수영복 같은 옷이 입혀 있었다.

"왜, 아이가 이 속에……. 왜 이런 모습으로……."라며 린 선배가 말했다. 모두들 황당해 했다.

도모가 어떻게 된 일인지 설명하기 시작했다.

"아까 검은색 양복을 입은 남자들이 나타났을 때, 그때까지 주저앉아 있던 아이 선배가 나에게 달려와서 기게스의 반지를 주고……."

아이 선배가 기게스의 반지를 갖고 있었다니.

"그리고 검은색 양복을 입은 아저씨들에게 아이 선배가 기계로 들어가겠다고 말했어요. 그 아저씨들에겐 아이 선배의 아버지가 알아채지 못하도록 다른 쪽으로 신경을 돌려 달라고도 말했어요. 아이 선배의 표정이 정말 비장했어요. 그래서인지 검은색 양복을 입은 아저씨들도 그냥 고개를 끄덕였죠."

그러면……. 아이 선배가 직접 기계에 들어갔단 말이야?

"아이 선배는 정말로 이사장님 생각에 반대한다고 말했어요. 이사장님은 과격한 파시스트래요. 아이 선배는 복지적 자유주의자고요. 격차 사회를 없애고 싶다는 마음을 갖고 있었어요. 우리와 생각이 다르지만 정의로운 마음을 가진 사람이에요. 그래서 이사장님의 계획에 마음이 아팠던 거죠."

아, 그랬구나. 아이 선배는 선배 나름대로 고뇌했었네.

기계에 기대서 "계획이, 계획이" 하며 중얼거리는 이사장에게 심한 분노가 치밀어 올랐다.

"이사장! 당신이야말로 멍청하군! 자기 딸 한 사람도 행복하게 해주지 못하면서 뭐가 아틀란티스 계획이야!"

내가 이 말을 하자 어느새 눈을 뜬 아이 선배가 바닥에 앉아 가녀린 목소리로 말하기 시작했다.


## 아이 선배의 진실

"아버지는 옛날에 이런 분이 아니셨어. 가능한 한 많은 사람들에게 지성을 갖게 하고 싶어 하셔서 우리 학교를 운영하신거야. 그런데 어느 날부터 아버지가 변하셨어. 우리 학교 지하에 제2차 세계대전 때 사용하던 실험실을 발견하셨을 때부터. 사람이 바뀐 것처럼 아버지는 학교 중심에 있던 시계탑을 무너뜨리고 이 타워를 만들기 시작하셨지. 아버지를 바꾼 것은 그 지하실……."

뭐라고!? 알 수 없는 내용의 옛날 문서라든가 세뇌하는 무기혹은 세균 무기? 아니면 악령이라도 보신 걸까?

"한창 제2차 세계대전이 벌어지고 있을 때 지하실에서 연구

되던 그 실험……."

혹시, 이, 인체 실험!?

"그곳에서는 장을 튼튼하게 해주는 비피더스균 연구가 이루어지고 있었어. 그런데 이것이 실용적이지 않아 국가에서 중지하라는 명령이 떨어져 봉인되었지. 이것을 발견한 아버지는 지하로 내려가는 도중에 실수로 계단에서 발을 헛디더 크게 넘어지셨고, 머리에 강한 충격을 입으셨어. 그 뒤로부터 이상해지셨던 거야!"

저기, 그건 넘어져서 그런 건데요! 제2차 세계대전이나 무슨 실험 같은 건 전혀 상관없는 일이잖아요!

"나는 아버지 계획이 인간으로서의 도리에 어긋난다는 사실을 알지만 반발할 수 없었어. 아직 어리니까 아버지의 명령은 절대적인 것이라……."

"그런 환경에 놓여 있었구나."

린 선배는 팔짱을 끼고서 이해한다는 듯 고개를 끄덕였다. 눈에서 빛이 반짝였다. 응? 린 선배가 눈물을 흘리는 건가?

"그리고 나는 정말 너희 자매들과 친해지고 싶었어."

"헉!"

린 선배와 마리, 도모, 세 명 동시에 감탄사를 토해냈다.

"나는 사람마다 제각각인 다양한 생각을 존중해야 한다는 상대주의를 취하면서 사회 속의 격차를 바로잡아야 한다는 정의를 지지하는 자유주의자야. 그런데 너희 자매는 **선이 되는 정의**를 가치관으로 하고, 공동체를 중시하는 공동체주의자지. 분명히 내 생각과 차이가 있지만, 둘 다 현대 사회의 문제를 극복하려는 넓은 의미에서는 친구라고 할 수 있어."

"뭐, 뭐라고……? 아이가 이런 생각을……."

지금까지 망연자실해 있던 이사장이 신음하며 말했다.

"나는…… 상대주의자이고 자유주의자야. 이것은 달라지지 않아. 하지만……, 진리를 솔직히 추구하는 너희 자매가 부러웠어. 야생 동물처럼 계속 달려가는 너희들이……."

"왜 그럴까. 별로 기쁘지가 않네."라며 린 선배가 말했다.

"그래서 아틀란티스 계획에 대한 정보를 수학부에 흘린 거니? 이 분홍색 전투대원복을 입은 핑크가 바로 너였던 거야?"

그, 그랬던 건가. 아버지의 명령으로 아틀란티스 계획을 진행해야 한다. 하지만 양심상 멈추고 싶다……. 아이 선배는 마음속으로 갈등해 왔었구나. 마음이 참 복잡했겠다.

"하지만, 그렇다면 왜. 우리들 앞에 좀비를 데리고 나타났던 거니?"

린 선배가 물었다.

"그것은 좀비들에게 우리들의 논쟁을 들려주면 영혼이 돌아오기 때문이야."

정말인가! 아이 선배가 우리 편이었구나!

아이 선배의 고백 뒤, 잠시 정적이 감돌았다. 그리고 얼마 뒤 이사장이 비틀거리며 일어나서 벽에 있는 화면을 가리켰다.

"너희는 이 숫자를 신경 써서 보지 않았군. 이 아크로폴리스 타워가 로켓이 되어 우주 공간으로 발사될 시간을 말해주는 거지. 이제 앞으로 16시간 3분 남았다!"

"아버지, 이것은 그저 시계일 뿐이에요. 16시 3분이요."

"어? 이게 아냐! 앞으로 3분 남았다!"

분명히 지금까지 신경 쓰지 못했지만, 또 하나 명함 크기의 화면이 있었다.

"이거 참! 더 크게 만들었어야지!"

"그게 정말이에요?"

린 선배가 놀라 물었다.

"왜 우주로 날아가려는 건데요? 참, 뭐. 하늘로 가면 이데아와 가까워질지도 모르겠네."라며 마리가 충격에 휩싸였다.

"여기는 타워가 아니라 로켓."이라고 도모는 냉정하게 분류했다.

"어느 일정한 고도까지 가면 전 세계의 인공위성들이 있어. 그것들을 중계점으로 삼아 타워 로켓에서 세뇌 빔을 발사하는 거야. 이렇게 하면 모든 인류는 철학 좀비가 되고, 나는 지배자로서 모든 인류를 강화시킨다! 사람들을 선별해서 우수한 민족만을 결합시켜 새로운 세계를 만들어 내겠어! 이것이 그리스 사상을 계승한 로마 제국의 부활이라고! 으하하하!"

이사장은 완전히 어처구니없는 말들을 늘어놓았다.

이때 아이 선배가 비틀거리며 일어났다.

"아버지. 죄송해요. 이제 계획은 중지되었어요."라고 말했다.

"뭐라고!?"

"지금 우리의 대화 모두가 스피커를 통해 학교 전체에 방송됐어요."

"왜, 왜 그런 거야……."

"그러니까 우리의 로고스 머신건이 우리 학교 전체에 들리도록 한 거로군. 그렇다면……."

"그렇다면……."

나는 창밖을 내다보았다. 좀비들이 계속해서 쓰러지기 시작하다가 사람들이 겹겹이 쌓인 높은 산이 되어 갔다. 그러더니 모든 좀비들의 영혼이 되돌아왔다. 드디어 모두의 세뇌가 풀렸다.

"아이야, 대체 왜 이런 일을……."

이사장은 부들부들 떨면서 딸을 바라보았다.

"이것이 사랑하는 아버지에게 할 짓이란 말이냐!"

"아버지, 함께 이데아 세계로 가요."

아이 선배가 기계를 조작하고서 이사장을 안고 움직이지 못하게 했다.

"모두들 피하세요. 이 아나키 상태에 있는 파쇼 로켓은 우주로 날아가 자폭하겠습니다. 모든 인류를 구하기 위해서! 두 번다시 이런 일이 일어나지 않기 위해서!"

"위, 위, 위험해!"라며 평상시 모습으로 돌아온 옐로가 제일먼저 문 쪽으로 달려가 밖으로 나갔다.

"아이야, 너도 함께 도망치자!"라며 린 선배가 외쳤다.

"안 돼! 내가 이 기계를 지키지 않으면 아버지가 위성을 지배하게 돼! 자폭할 수밖에 없어!"

타워 내에서는 계속해서 방송이 흘러나왔다.

"이 타워는 2분 뒤에 발사됩니다. 피난해 주십시오. 이것은훈련 상황이 아닙니다."

블루가 우리들을 재촉했다. 그린도 서둘러 달려 나갔다. 마리와 도모가 당황스러운 표정으로 뒤를 돌아 나갔다.

어쩔 수 없잖아!

나는 린 선배의 손을 잡았다. 선배는 아이 선배를 돌아보면서 내 손에 이끌린 채 방에서 탈출했다. 우리들은 고속 엘리베이터에 꽉꽉 눌려 한 번에 지상에 도착했다. 타워 아래에는 정상으로 돌아온 학생들로 가득 차 있었다. 우리들도 그 아이들 속에 섞여서 뿔뿔이 흩어져 뛰었다. 타워의 진동은 최고조에 달했다.

"달려! 달려!"

그리고 바로 뒤, 귀가 찢어질 듯 들리는 폭발음과 동시에 지면이 심하게 요동치며, 나는 또다시 공중으로 날아갔다.

이렇게 되면 최대다수의 최대행복이다!

거센 바람에 휘말려 날아가면서 내가 마지막으로 본 것은 아크로폴리스 타워, 아니 로켓이 하늘 저 멀리 사라져 가는 광경이었다.


## 철학과 그녀와 우리의 미래

눈부셨다. 눈꺼풀이 아주 하얀 화면처럼 느껴졌다. 나는 오른쪽 눈을 살며시 떠 보았다. 가득한 빛과 함께 낯익은 세 자매의 얼굴이 보였다. 나를 뚫어져라 쳐다보고 있었다.

"눈 떴어?"

린 선배가 안심하는 듯 물었다.

"다행이다. 의식이 돌아왔어."라며 걱정한 얼굴이 웃음으로 변하는 마리.

"동공이 정상적으로 움직이는……."

도모는 심각하게 중얼거리고 있었다.

"제가 어떻게 된 거예요?"

린 선배가 살짝 웃었다.

"로켓으로 인한 거센 바람 때문에 날아갔었어. 학생 몇 명이 로켓에 가까이 있던 바람에 다친 것 같아. 여기는 우리 학교 병원이야."

"너는 공중을 나는 거에 익숙해진 모양이야. 의사 선생님이 너는 괜찮다고 하시네."라며 마리가 말했다.

나는 쓴웃음을 지으며 다들 괜찮은지 물었다.

"우리들은 아무런 상처도 없어. 올림포스 신의 보호가 있었지."

린 선배는 농담이 아니라는 듯 심각하게 말했다.

"수학부원들도 모두 무사해."라며 마리가 알려줬다.

"그, 그래? 다행이네."

"학교 가운데에 아주 큰 구멍이 났지. 아주 엉망진창이야."

오히려 속 시원한 것처럼 보이는 린 선배.

"로켓이라니, 말도 안 되는 일을……."

정말 엄청난 계획이다.

도모가 사과를 한 입 베어 먹으면서 말했다.

"그러니까 눈앞에 있는 욕구만을 쫓아가면 허무하다고 아리스토텔레스가 말했건만. 역시 지성을 높이고 철학을 하는 것을 목적으로 해야 해요. 공통된 선을 기준으로 선택하지 않으면⋯⋯."

내가 틈을 타 말했다.

"그러기 위해서는 부단한 문답이 필요하지."

린 선배가 끄덕였다.

피해 규모가 얼마나 됐는지는 아직 모르지만 우선 모두들 무사하다니 다행이었다. 침대에서 몸을 일으킨 나는 밖이 약간 어둡다는 것을 느꼈다.

"지금 새벽이야."

내가 궁금해 하는 줄 아는지 린 선배가 먼저 알려줬다. "너는 3일이나 잤어."라고 이야기하면서 창가로 가 기대어 섰다.

"참⋯⋯. 우리 학교 학생들은 어떻게 됐어?"

"물론, 모두에게 영혼이 돌아왔어. 좀비에서 모두들 제정신으로 돌아오는 순간에 로켓 때문에 다들 놀라서 조금 불쌍하긴 했지."라며 마리가 답해 주었다.

"그래도 모두들 무사해요." 도모가 신이 난 목소리로 말했다.

다행이다. 정말. 학교는 엉망진창이라지만 학생들의 영혼은 무사히 되돌아왔구나. 다 같이 열심히 움직인 보람이 있네.

내가 안도의 숨을 내쉬면서 감격에 벅차 하는데, 천천히 린 선배가 입을 열었다.

"처음에 너를 만났을 때는 대책 없는 불쌍한 남자아이인 줄로만 알았는데, 지금은 영혼에 철학적 고민을 안고 있다는 것이 느껴지네. 기대했던 것처럼 성장했어. 축하해."

그때는 그저 실연당해서 망연자실했던 것뿐인데. 억울하지만 뭐, 린 선배가 저렇게 좋아하니 가만 있자.

"있잖아. 너 앞으로도 철학을 하고 싶은 마음이 드니?"

린 선배가 물었다.

"그거야, 물론이죠!"

내 대답을 들은 세 자매는 활짝 웃었다.

"그럼, 만일 우리 셋 중에 최고의 반쪽을 택해야 한다면 어떻게 할래?"

마리가 갑자기 한 말에 나는 먹고 있던 사과를 뿜어 버렸다.

"어, 어떻게 그렇게 해! 말도 안 돼!"

"……그렇지도 않다고 생각해요."라며 도모가 고개를 푹 숙였다.

린 선배는 창밖을 보고 있어서 표정이 보이지 않았다.

이……, 이것은 궁극의 문답이다. 기리시마 자매 중 한 명을 고르라고!? 아니, 그런 일을 어떻게 해! 이것은 분명히 꿈이야. 현상 세계는 꿈이라고! 이건 꿈속이야!

아무튼 내가 그동안 철학을 너무 과하게 해서 그런지 지나치게 생각하는 버릇이 생겼다. 현실이냐, 가상이냐. 그래도 어느 쪽이든 괜찮지 않나? 이 현실이 존재한다는 것만큼은 확실하니까.

"나, 나는……!"

"어머나, 가난한 아이들이 농담을 하는구나!"

갑자기 병실 문쪽에서 소리가 들렸다.

"아이야!"

깜짝 놀란 린 선배는 아이 선배에게 달려갔다.

"다행이구나! 어떻게 살아 왔니?"

"로켓이 국제법에 위반되는 것이라 미군에게 격추됐어. 물론 나와 아버지는 그 바로 전에 탈출했지. 아버지는 꽤 공포를 느끼셨나 봐. 그때 충격이 크셨는지 아직도 주무시고 계셔. 역시 미국을 이기진 못하지. 이것도 국가 간 격차라고 해야 하나."

아이 선배의 말이 끝나자마자 린 선배는 아이 선배를 와락 껴안았다. 아이 선배는 "다, 답답해!"라는 말을 연발했지만 너무 행복해 보였다.

"그럼, 아직 철학이 필요하네."라고 마리가 말했다.

"……해가 떠요." 도모가 나직하게 말했다.

밝아오는 하늘에 미네르바의 올빼미가 날아가고 있었다. 마치 우리들을 축복하듯이.

"올빼미는 철학의 상징이야. 세계의 미래를 좋은 방향으로 변화시키기 위해서 우리도 날아보자고!"

린 선배의 목소리는 변함없이 우렁찼다.

철학은 위험하면서 매력적이란 생각이 든다. 그래서 이제는 내가 길거리에서 청년들에게 말을 붙일 순번이 되지 않았을까…… 하는 생각도 든다.

이런 내 마음을 꿰뚫어 보기라도 한 듯 아침 햇살에 비친 린 선배가 환한 웃음을 지어 보였다.

## 《정의란 무엇인가》

마이클 샌델 하버드대학교 교수가 지은 정치 철학서. 샌델 교수가 하버드대학교 교양 강좌로 1980년부터 진행한 '정의(Justice)'의 수업 내용을 바탕으로 쓰였다. '정의' 강의는 하버드대학교에서 가장 인기 있고 영향력 있는 수업으로, 무려 천 명의 학생들이 대학 극장을 가득 메운 채 진행되는 정치 철학 강의다. 하버드대학생뿐만 아니라 많은 사람들의 관심을 얻었으며, 책과 함께 커다란 파장을 불러일으켰다. 정의와 관련한 각종 딜레마를 비롯해 공리주의, 자유주의, 칸트, 아리스토텔레스, 공동체주의를 정의와 연결한다.

샌델 교수는 정의를 판단하는 세 가지 기준으로 행복, 자유, 미덕을 들었다. 즉, 정의가 사회 구성원의 행복에 도움을 줄 수 있는지, 혹은 사회 구성원 각각의 자유로움을 보장할 수 있는지, 아니면 사회에 좋은 영향으로 끼쳐야 하는지로 정의로움을 결정할 수 있다는 것이다. 역사적인 철학자들의 가르침을 통해 각각의 정의로움에 대한 판단을 보여주며, 마지막으로 공동체주의를 정의와 연결한다.

"휴. 오늘도 무사히 마쳤군."

나는 교실을 나와 안도의 한숨을 돌리며 혼자 중얼거렸다.

"오, 좋아 보이네."

"어! 이사장님!"

기베인 아이 전 학생회장, 지금은 아버지의 뒤를 이어 재건된 아테네 사립 고등학교 이사장을 맡고 있다. 나에 대해 이야기하자면, 쑥스럽지만, 우리 학교에서 윤리, 철학, 도덕을 가르치는 사회 선생님이 되었다.

나와 아이 선배는 서로 생각이 다르지만 함께 싸우는 것이 불가능한 일은 아니다. 학창 시절 그 일을 통해 배운 것을 우리는 잘 실천해 가고 있다.

모두들 여러 가지 경험을 한다. 잊고 싶을 만큼 힘든 일도 있다. 하지만 잊어서는 안 되는 것은 그 사람이 걸어온 길, 마음의 기록이다. 그것이 모든 사람들을 이어주는 것이다. 선이란 목적을 향해서. 이것을 나에게 알려준 것은 이상하긴 하지만, 누구보다도 인생을 진심으로 마주했던 그녀들이었다. 나는 그 세 자매의 얼굴을 떠올렸다. 나도 모르게 웃음이 나왔다.

이를 본 아이 이사장이 "뭐야? 사람 앞에 두고 기분 나쁘네." 하며 눈살을 찌푸렸다.

"아니, 만물은 유전해요."

"당연하지."

"그런데 변하지 않는 것도 있어요."

"뭐……. 그런 것도 있을지 모르지."

아이 이사장은 대단한 사람인마냥 팔짱을 끼고서 (진짜로 대단하긴 하지만) 퉁명스럽게 대꾸했다.

"선배, 아니 이사장님은 변하셨네요."라고 내가 말했다.

"너도 충분히 많이 변했어. 설마 네가 선생님이 될 줄이야. 게다가 우리 학교 교단에 서게 될 줄은 꿈에도 몰랐지. 사람은 바꾸려 들면 바뀐다고 했든가………. 하지만 분명히 변하지 않는 사람도 있지."

아이 선배는 여전히 당당한 모습으로 이렇게 말하곤, 내 등 뒤로 시선을 옮겼다. 나도 따라 뒤를 돌아봤다. 분명히, 그녀는 10년이 지나도 철학 그 자체처럼 변함이 없구나.

　"기리시마 선생님."

# 참고 문헌

· 《앞으로의 정의를 말하자 – 현재를 지속시키기 위한 철학(これからの「正義」の話を しよう-―いまを生き延びるための哲学)》 마이클 샌델 저, 오니자와 시노부(鬼澤 忍) 역, 하야카와 쇼보(早川書房)

· 《샌델의 정치철학 – 정의란 무엇인가(サンデルの政治哲学ー<正義>とは何か)》 고바 야시 마사야(小林正弥) 저, 헤이본샤(平凡社)

· 《정의를 생각한다 – 삶의 어려움과 마주하는 사회학(「正義」を考える-生きづらさと向 き合う社会学)》 오사와 마사치(大澤真幸) 저, NHK 슈판(NHK出版)

· 《철학의 역사〈제1권〉철학 탄생 – 고대 1(哲学の歴史<第1巻>哲学誕生-古代１)》 우치 야마 가츠토시(內山勝利) 편집, 추오코론 신샤(中央公論新社)

· 《철학의 역사〈제2권〉제국과 현자(哲学の歴史<第2巻>帝国と賢者)》 우치야마 가츠토 시(內山勝利) 편집, 추오코론 신샤(中央公論新社)

· 《철학의 역사〈제3권〉신과 대화 – 중세 신앙과 지식의 조화(哲学の歴史<第3巻>神と 対話-中世 信仰と知の調和)》 나카가와 스미오(中川純男) 편집, 추오코론 신샤(中央公 論新社)

· 《철학의 역사〈제4권〉르네상스 15~16세기(哲学の歴史<第4巻>ルネサンス15-16世

紀)》이토 히로아키(伊藤博明) 편집, 추오코론 신샤(中央公論新社)

- 《철학의 역사〈제5권〉데카르트 혁명(哲学の歴史<第5巻>デカルト革命)》고바야시 미치오(小林道夫) 편집, 추오코론 신샤(中央公論新社)

- 《철학의 역사〈제6권〉지식·경험·계몽 － 18세기 인간의 과학을 향해서(哲学の歴史<第6巻>知識・経験・啓蒙―18世紀 人間の科学に向かって)》마츠나가 스미오(松永澄夫) 편집, 추오코론 신샤(中央公論新社)

- 《향연(饗宴)》(세계의 명저6(世界の名著6)) 플라톤 저, 스즈키 데루오(鈴木照雄) 역, 다나카 미치타로(田中美知太郎) 편집, 추오코론 신샤(中央公論新社)

- 《그리스 철학사(ギリシア哲学史)》가토 신로(加藤信朗) 저, 도쿄다이가쿠 슈판카이(東京大学出版会)

- 《방법서설(方法序説)》데카르트 저, 다니가와 다카코(谷川多佳子) 역, 이와나미 분코(岩波文庫)

- 《스피노자의 세계 － 신 또는 자연(スピノザの世界―神あるいは自然)》우에노 오사무(上野修) 저, 고단샤(講談社)

- 《칸트는 이렇게 생각했다 － 사람은 왜 '왜'라고 묻는가(カントはこう考えた―人はなぜ「なぜ」と問うのか)》이시카와 후미야스(石川文康) 저, 치쿠마 쇼보(筑摩書房)

- 《의지와 표상으로서의 세계(意志と表象としての世界)》(세계의 명저. 속10(世界の名著. 続10)) 쇼펜하우어 저, 니시오 간지(西尾幹二) 역, 추오코론 신샤(中央公論新社)

- 《헤겔 사전(ヘーゲル事典)》가토 히사타케(加藤尚武) 외 편집, 고분도(弘文堂)

- 《니체 사전(ニーチェ事典)》오이시 기이치로(大石紀一郎) 외 편집, 고분도(弘文堂)

- 《인생의 철학(人生の哲学)》와타나베 지로(渡辺二郎) 저, 호소다이가쿠 쿄이쿠 신코카이(放送大学教育振興会)

- 《실용주의와 현대(プラグマティズムと現代)》우오즈 이쿠오(魚津郁夫) 저, 호소다이가쿠 쿄이쿠 신코카이(放送大学教育振興会)

- 《윤리학 입문(倫理学入門)》 우츠노미야 요시아키(宇都宮芳明) 저, 호소다이가쿠 쿄이쿠 신코카이(放送大学教育振興会)

- 《현대 프랑스 철학(現代フランス哲学)》 구메 히로시(久米 博) 저, 신요샤(新曜社)

- 《인류의 지적유산(75) 하이데거(人類の知的遺産(75)ハイデッガー)》 가야노 요시오(茅野良男) 저, 고단샤(講談社)

- 《현상학 사전(現像学事典)》 기다 겐(木田 元) 외 편집, 고분도(弘文堂)

- 《우리들의 마르크스(ぼくたちのマルクス)》 기하라 부이치(木原武一) 저, 치쿠마 쇼보(筑摩書房)

- 《이와나미 철학 · 사상 사전(岩波 哲学・思想事典)》 히로마츠 와타루(廣松 渉) 외 편집, 이와나미 쇼텐(岩波書店)

- 《철학 사전(哲学事典)》 하야시 다츠오(林 達夫) 외 편집, 헤이본샤(平凡社)

- 《입체 철학(立体 哲学)》 와타나베 요시오(渡辺義雄) 편집, 아사히 슈판샤(朝日出版社)

- 《윤리학 개설(倫理学概説)》 오카베 히데오(岡部英男) 및 고사카 구니츠구(小坂国継) 편저, 미네르바 쇼보(ミネルヴァ書房)

- 《서양 철학사 – 이성의 운명과 가능성(西洋哲学史―理性の運命と可能性)》 오카자키 후미아키(岡崎文明) 저, 쇼와도(昭和堂)

- 《현대정치이론(現代政治理論)》 가와사키 오사무(川崎 修) 편집, 스기타 아츠시(杉田 敦) 편집, 유히카쿠(有斐閣)

- 《법철학(法哲学)》 히라노 히토히코(平野仁彦) 저, 유히카쿠(有斐閣)

- 《첫 정치철학 – 올바름을 둘러싼 23가지의 질문(はじめの政治哲学―「正しさ」をめぐる23の問い)》 오가와 히토시(小川仁志) 저, 고단샤(講談社)

- 〈월간 도요게이자이(月刊東洋経済) 2010년 8월 14일, 21일 합병호〉 도요 게이자이 신포샤(東洋経済新報社)

# 철학 소녀와 좀비의 탐험

2013년 8월 30일 1판 1쇄 박음
2013년 9월 15일 1판 1쇄 펴냄

**지은이** 도마스 아키나리
**옮긴이** 박주영
**펴낸이** 김철종

**편집이사** 이선애
**책임편집** 권기우
**표지 디자인** 안소연 **일러스트** 이명옥
**마케팅** 오영일 유은정 정윤정

**펴낸곳** (주)한언
**임프린트** 상상비행
**주소** 서울시 종로구 삼일대로 453(경운동) KAFFE빌딩 2층
**전화번호** 02)723 - 3114 **팩스번호** 02)701 - 4449
**전자우편** haneon@haneon.com **홈페이지** www.haneon.com
**출판등록** 1983년 9월 30일 제1 - 128호
ISBN 978 - 89 - 5596 - 670 - 1  03160

## 한언의 사명선언문

Since 3rd day of January, 1998

Our Mission — 우리는 새로운 지식을 창출, 전파하여 전 인류가 이를 공유케 함으로써 인류 문화의 발전과 행복에 이바지한다.

— 우리는 끊임없이 학습하는 조직으로서 자신과 조직의 발전을 위해 쉼 없이 노력하며, 궁극적으로는 세계적 콘텐츠 그룹을 지향한다.

— 우리는 정신적·물질적으로 최고 수준의 복지를 실현하기 위해 노력하며, 명실공히 초일류 사원들의 집합체로서 부끄럼 없이 행동한다.

Our Vision    한언은 콘텐츠 기업의 선도적 성공 모델이 된다.

저희 한언인들은 위와 같은 사명을 항상 가슴속에 간직하고
좋은 책을 만들기 위해 최선을 다하고 있습니다.
독자 여러분의 아낌없는 충고와 격려를 부탁 드립니다.
· 한언 가족 ·

### HanEon´s Mission statement

Our Mission — We create and broadcast new knowledge for the advancement and happiness of the whole human race.

— We do our best to improve ourselves and the organization, with the ultimate goal of striving to be the best content group in the world.

— We try to realize the highest quality of welfare system in both mental and physical ways and we behave in a manner that reflects our mission as proud members of HanEon Community.

Our Vision    HanEon will be the leading Success Model of the content group.